本质思考

从底层思维构建解决问题的支点

〔日〕米泽创一 ◎著　田莎莎 ◎译

トレーニング

江苏凤凰文艺出版社
JIANGSU PHOENIX LITERATURE AND
ART PUBLISHING, LTD

图书在版编目（CIP）数据

本质思考 /（日）米泽创一著；田莎莎译. —— 南京:
江苏凤凰文艺出版社, 2020.5
ISBN 978-7-5594-4664-0

Ⅰ. ①本… Ⅱ. ①米… ②田… Ⅲ. ①企业管理 – 研
究 Ⅳ. ①F272

中国版本图书馆CIP数据核字（2020）第045047号

著作权合同登记号 图字：10-2020-60 号

Original Japanese title: HONSHITSU SHIKOU TRAINING
Copyright © Soichi Yonezawa 2019
Originally published in Japan by Nikkei Publishing, Inc. (renamed Nikkei Business Publications, Inc. from April 1, 2020)
Simplified Chinese translation rights arranged with Nikkei Publishing Inc.
through The English Agency (Japan) Ltd. and Shanghai To–Asia Culture Co., Ltd

本质思考

［日］米泽创一 著

田莎莎 译

责任编辑　李龙姣
特约编辑　王文彬
装帧设计　红衫林工作室
出版发行　江苏凤凰文艺出版社
　　　　　南京市中央路 165 号，邮编：210009
网　　址　http://www.jswenyi.com
印　　刷　北京中科印刷有限公司
开　　本　880 毫米 ×1230 毫米　1/32
印　　张　5.25
字　　数　80 千字
版　　次　2020 年 5 月第 1 版　2020 年 5 月第 1 次印刷
书　　号　ISBN 978-7-5594-4664-0
定　　价　39.00 元

江苏凤凰文艺版图书凡印刷、装订错误可随时向承印厂调换
电话：（010）83670070

前言

大家是否有过以下经历呢？

经理：领导很生气，抱怨项目的进度又慢了。你在每月报告会的资料里面，能不能写一下原因分析和解决对策呀？

员工：好的，我明白了。（反正应该跟上个月一样，是由于人手不足。）在报告书里面，我会好好写明原因与对策的。

每月报告会上，发现产生了新情况。

经理：人手不够确实也是问题，但我听说，主要是订购资材时发生的错误导致项目慢了四周！你是怎么回事？

员工：（居然有这种事情……早知道我应该好好调查一下，再来写报告。）

母亲：浴室什么时候能打扫完毕呀？

孩子：我会做的，我会做的。我跟朋友正在聊微信，完了之后马上打扫浴室。

母亲：我看你根本不想干，所以我自己已经把浴室打扫完了。说话完全不算话，真受不了……

孩子：我不是说了跟朋友聊完微信就去干吗？

经理本想让员工调查项目延迟的原因，并思考对策，然而，员工却拘泥于过往的经验，认为同过去一样，是由于人手不足导致了项目延迟，并据此写了报告书。其实，他应当先去确认一下进展状况，据此分析延迟的原因，并思考对策。**如果能够摆脱思维惰性的影响，那就不会造成这种尴尬的局面了。**

另外，孩子的母亲想知道的是，孩子清扫浴室需要的时间或清扫结束的大致时点。如果孩子能够回答说："现在我正在跟朋友聊微信，暂时走不开。30分钟以后再打扫行吗？"这样，沟通可能就会顺畅多了。

语言是人们进行思考的基础，显然，想要从根本上把握问题的本质，语言是一种非常重要的工具。不但在独自思考时，你需要在意识中运用很精确的语言，而且在通过对话触及问题的本质时，你也不能被对方的表达方式或口误迷惑。**从一方面来说，想把握对方说话的真实含义，你就需要突破语言的模糊性和歧义性。同时，如果对方不愿意直截了当地回答问题，那么你还必须能深入分析其背后隐情。我把这种能力称为"本质把握能力"。**

以上我介绍了商务与生活中的两个实例。

如果能掌握本质把握能力，随时运用本质思考方式，那么不但能帮助你从根本上解决问题，还能帮你构筑良好的人际关系。

我现在在庆应义塾大学研究生院系统设计和管理研究科担任特聘教授。本研究科创立于2008年，从创立初始我就参与了学科建设，主要致力于将心理学与行为经济学的思维方式运用于项目管理。我一直在研究如何更好地以人为主体进行项目管理，并面向学生授课。与此同时，本书的主题"本质把握能力"与"本质思考方式"也是我的研究对象，我也在教授相关课程。

在此之前，从1990年到2017年的大概27年间，我在埃森哲管理咨询公司担任市场总监，主要负责统筹管理各类组织，同时我还是项目负责人与教育负责人。这段日子正好占了我职业生涯一半的时间。

我在埃森哲管理咨询公司的日子既充实又精彩，但并非总是一帆风顺的。我进公司没多久，就在研修期得到了最差的评价。接着，在决定派我去哪个项目这个问题上，公司也一直决定不下来。后来好不容易确定了项目，我又不能立刻派上用场，结果短短3个月之后就被项目炒了。应该说，在我27年的职场中，经历过反反复复的失败，好在我一直没有放弃。

虽然对那些因我而陷入麻烦中的人，我感到十分抱歉，但从失败中我确实也学到了很多的东西。

2017年，我开启了新的人生征程，我确信这些经验也能在我的新生活里发挥很大作用。

另外，通过参与管理咨询公司的各个项目，我扎实地掌握了目标制定与风险管理方面的技能与思维方式。我逐渐意识到，这些也可以运用于生活中。

我认为人生的目标在于"获得幸福"。

如果将我的设想进一步深化，会形成"幸福思维方式"，这是以自身的幸福以及对自身十分重要的人的幸福为判断标准的一种思维方式。如果能最大限度地发挥"本质思考方式"与"幸福思维方式"的作用，我坚信人可以生活得更加幸福。

在这些要素中，占核心地位的还是要数**"本质思考方式"**与**"本质把握能力"**。

那何谓"本质"呢？词典中写道，"本质指的是事物本身所具有的根本属性"（《广辞苑》第七版，岩波书店）。

> 在解决问题时，"本质"指的是"真正想要解决的问题——引发问题的根本原因，或者真正想要解决的东西已经得到解决的状态"；
>
> 在采取某项行动时，"本质"指的是"行动的结果，最终想要实现的状态（行动时本质几乎等同于目的）"；
>
> 在交流时，"本质"指的是"最想向对方传达的东西，也就是对话结束时希望对方获知的信息，以及希望对方达到的状态"。

本书会将焦点放在讨论"本质思考方式"与"本质把握能力"上面。

阅读了我上一本著作《项目管理式生活》的很多读者，已经察觉到"本质思考方式"与"本质把握能力"的重要性。同时，很多读者也提出，希望知道究竟怎样才能锻炼这些能力，怎样将其运用于生活与工作当中。

因此，本书将锻炼大家从根本上解决问题时所必需的"本质把握能力"，并阐述如何进行训练，掌握随时关注事物本质、进行思考的"本质思考"这种思维模式。

目录

第四部分　本质思考的训练　　　113

第一部分 本质思考的习惯

习惯

　　语言是思考的载体。思考的锋利程度往往取决于语言的明确程度。因此，在运用语言方面拥有良好的习惯，是帮助人们把握本质的基本保证。在此基础上，人们还需要掌握一套框架，如果能在日常生活中主动套用该框架，那么就更容易深入思维的底层，并构建解决问题的支点。

精准性思考：语言越模糊，思考越难深入

　　本书开头所列举的对话，不知道大家看了后有什么样的想法。类似的对话其实每天都在家庭中和职场上发生着。如果不去留意，你可能都不会发现，或是说，就算发现了也不认为有什么大不了，直接置之不理。

　　在公司也好，在学校也好，每个人都需要跟他人打交道。除开一些极其特殊的环境，同他人进行对话都是理所当然、顺理成章的一件事情。**然而，人们却并非总是能顺利达成预期的沟通目的。**

　　在日常对话时，即使没有完全清楚语言的准确含义，往往也不会立即引出什么大麻烦。如果双方之间相互信赖，而且都有理性、有文化、有想象力，那么通常情况下不太会发生致命的危害。然而，谁也无法确保绝对不会发生致命的危害。**涉及的问题越复杂，越需要正确地捕捉对方言语的含义，从而保证触及问题的本质。**

　　在对话时，作为询问的一方，其提问意图必须要清晰。最好是明示回答方式，希望对方采用"是/不是"的方式回答，还是采用5W2H（为什么，是什么，在何处，在何时，由谁做，怎么做，要多少）的方式回答？回答时采用的数量单位（几

点，几米，几千克等）又是什么？显然，在提问时，你需要多下一点儿功夫。

要想提升语言的精准程度，平时就必须培养把握本质的能力，也就是说需要意识到这一点并进行刻意练习。如果能抓住对方发言的"本质"，那么可以说这次对话是富有成效的。如果弄错了对话中讨论的"对象"，那场面就可能完全变成相声了。

对语言而言，说话者自以为说得很清楚，可听话者听起来常常会觉得很含糊。这是因为说话者与听话者使用的"词典"不一样。人们使用的都是自己心中的"词典"，这本词典是由每个人独自编纂的。即便使用同一种语言，但不同"词典"中词义仍有微妙的差别。**切记，天下不可能有两本完全一样的个人"词典"。**

因此，只要使用语言进行交流，说话者与听话者之间对其理解就必然存在微妙差别。为了填平思维的这道鸿沟，人们也应该努力尝试更多的传达方式（例如展示照片和图表，为对方播放音频等）。如果不这么做，那就很难精准地传达自己的意图。另外，每个人也可以提供问题的背景说明，作为非语言传达方式的补充信息。

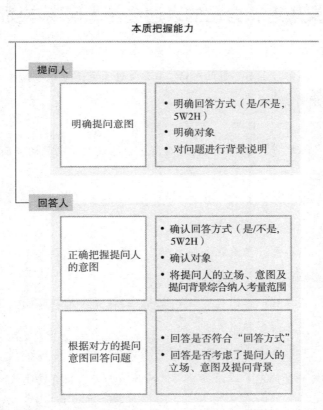

图1-1 想要让对话富有成效，"把握本质的能力"必不可缺

非歧义思考：分岔的表述会使人偏离本质

　　A经理与B职员的对话。B职员过去有工作经验，最近才跳槽到这家公司。

　　A经理：B君，X公司的合同弄好了吗？

　　B职员：您指的是X公司那个供应链改革项目的合同吧。马上就好。

　　A经理：是吗。那下午4点前准备提交给对方公司。今天是截止日期，可不能晚了。

　　B职员：今天就要提交吗？经理，我们是否有必要向法务部确认一下合同啊。

　　A经理：合同嘛！当然必须经过法务部的确认啊。难道你还没跟法务部确认过吗？

　　B职员：（完蛋了……）非常抱歉。我没有意识到，您说的弄合同包括跟法务部确认与盖章……我现在马上去找法务部。

　　A经理：（B君，你行不行呀……弄好合同当然包括法务部的确认、修改、盖章以及装订整个过程啊。还以为你有工作经验，马上能派上用场，看来还是难堪大任啊……）

　　B职员马上就要错过提交期限了。这是一个严重的失误。

大家认为，这个严重的失误是怎么发生的呢？其实，观察A经理与B职员的对话，就可以发现其中藏着一些引发误会的原因。接下来我将一条条地仔细分析。

首先，A经理一开始问的是"X公司的合同"。然而，如果该公司与X公司同时有很多合作项目，那这句话本身就有问题。另外，如果A经理委托B职员做的事与B职员想的事不是同一件事，那就麻烦了。因此，可以说，A经理一开始的这句话就是一个危险征兆。

B职员针对A经理的提问，首先确认了到底是哪件事。这是正确的做法。接着，A经理说的"弄好了吗"，这句话的含义很清晰吗？对A经理来说，"弄好"合同指的是：草拟合同、经过法务部的确认、修改合同、盖公章以及合同装订等整个过程，也就是达到了随时可以提交给对方公司的状态。

然而，B职员误解了A经理的意思，以为只要草拟完合同就算弄好了。在案例中，我们看不到A经理之前向B职员交代工作时的对话。不过，通过有关信息，大概可以推测出，A经理当时说的是"Z日傍晚前，你要把X公司的合同弄好"之类的话。

如果是在同一家公司长期共事的同事，对"弄好合同"这句话的实际含义就不会存在差异。然而，B职员刚跳槽过来，要求他也完全理解这句话就过于严苛了。同时，B职员在接到工作时，也必须好好确认"弄好合同"这句话的含义。

特别是对从其他公司刚转过来的人来说，即使是同样的用语，新公司的使用方式与之前公司的使用方式可能不尽相同，因此更有必要好好进行确认。

另外，在这个案例中，我们很容易忽视一个更加严重的问题：当A经理问"弄好了吗"时，B职员回复说"快好了"。其实，正确的回复方式应该是"已经好了"，或者是"现在还没弄好，不过再过××分钟就能完成"。A经理交代工作的方式以及对工作的定义方式均含糊不清，与此同时，B职员接受工作的方式与回复方式也存在问题。

如果不能准确地把握对方的说话意图，对话本身就会脱离问题的本质，从而使得人们的思考难以深入。显然，无论对提问者来说，还是对回答者来说，尽可能让语言清晰、明确，这是保证自己能把握问题本质的"良好的思考习惯"。

提问者必须明确自己的提问目的。

回答者则要思考提问者的意图。如果不清楚的东西一定要先确认，再回答。回答者一定要有这种意识：对自己来说理所当然的东西，对于提问者而言并不一定是理所当然的。

反馈式思考：反复确认才能锚定问题的本质

面对上司含糊不清的提问，如果你总是回应"那是什么意思呀"，那么确实可能会被上司视为"麻烦制造者"。

不过，如果仅仅因为害怕被看作"麻烦制作者"，就不愿提问，那么这反而会引发严重的后果。显然，不懂装懂，会使你的思考严重偏离问题的本质。这可能导致极其严重的后果，与这种后果相比，跟上司确认时的那点儿害羞、尴尬真不值一提。

先把握住问题的本质，就不会干很多白费功夫的事情。明明每个人都懂这个道理，但还是有不少人总觉得自己"猜测得很准"。人是一种很奇怪的动物，总是毫无理由地相信自己的"猜测"，并据此采取行动。

结果呢，猜测完全错误，自己不得不再一次从头开始……这种事情并不少见。更有甚者，有的人还会因此失去了别人宝贵的信任。古语云"勤学好问"，说的就是这个道理。

不要怕麻烦。该确认的事情不好好确认，就继续往下做，这可以说是一种"坏的思维习惯"。

不要怕麻烦。你必须明白：弄清含糊不清的问题对双方来说都大有好处。

如果下属老提问，而你觉得对方很麻烦。这个时候，你一定要自我反省一下，自己的语言表达是不是有含糊不清的地方。

多维度思考：克服信息缺损的有效方式

"语言"可以说是人类发明的最强有力的工具之一。如果没有语言，人类也不可能发展到如今的局面。然而，我们也不能过于迷信语言的力量。

在前文中，我已经谈到过，每个人的词典之间存在微妙的差异。显然，在这个基础上，如果还需要加上转述式的翻译，那要完全理解对方的话语就会变得更加困难。对于同一个事实，存在无数的表达方式，而文化背景的不同或经验的不同，自然会造就不同的表达方式。因此，除了语言，人们也应该努力尝试多种多样的组合型表达方式。

人类拥有视觉、听觉、味觉、触觉等多种感官。最近的研究发现，如果将人类的感觉细分的话，竟能达到20多种。我想在这里先谈谈所谓的五官。

不同的人的五官的敏锐度不尽相同。我自己的眼睛不但近视而且有些老花，戴上眼镜后的视力也低于常人。与此同时，我的听觉也在日渐衰退。不过，我的嗅觉与味觉一直以来都十分敏锐，现在也状态良好。怎么去判断触觉的优劣，我不得而知，不过我天生就笨手笨脚，大概也算比较迟钝的一类人。显然，在感知某一事物时，我的视觉、听觉方面的灵敏度可能就会比较低。

也就是说，即使感知同一事物，不同的人的感知方式也是不一样的。当人们把感知到的信息储存到记忆中时，就需要先将其变成语言。在那一瞬间，人们都会从自己的个人词典选出最恰当的词汇，来进行转换。

感觉信息必须按照语言规律进行简易化处理。显然，如果某种感觉信息能够转换成语言，那么就可以说，它必然与人们过往的某种感觉类似。

换而言之，为了进行语言转换，人们明明知道情况与以往的某种感觉并不完全一致，然而还是需要在思维中做选择，并选出那些"最近似的东西"。这个过程受到每个人自身的语言能力、思想、无意识的理解偏差等多种因素的影响。

语言转换之后，在进行表达时，为了让他人能更好地理解自己，我们还会在内心中对语言进行反复推敲。同时，我们还会根据TPO（时间、地点以及场合）调整自己的表达方式。

在前文中，正是由于A经理与B职员两个人自我意识中的个人词典不一样，从而导致了误会的产生。

如图1-2所示，感知到某事物，将感知转换成语言，并进行思考，这个过程至少会经过四层过滤器。

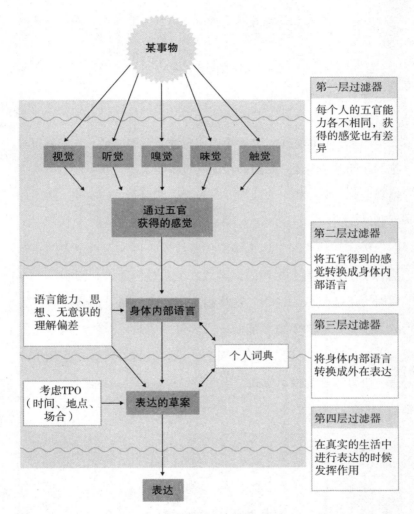

图1-2 感觉信息转换成语言的过程

第一层过滤器存在于感觉能力中。

第二层过滤器存在于将五官得到的感觉转换成身体内部语言的过程中。

第三层过滤器存在于将身体内部语言转换成外在表达的过程中。

第四层过滤器存在于根据TPO（时间、地点、场合）调整自己的表达方式的过程中。

显然，在沟通中，如果第四层过滤器太厚的话，人们就很难把握住问题的本质；然而如果这层过滤器太薄，就会被对方认为情商低。不过，我个人认为，与其无法把握问题的本质，还不如这样好。

语言转换要经过这么多层的过滤器，再加上每个人的感知能力、个人词典不尽相同，显然，在通过沟通去把握问题的本质时，不能只依靠语言，这样很难不产生误解。语言拥有巨大的力量，然而却不是万能的，人们可以通过同时使用语言与语言以外的表达方式，来减少误会。毋庸赘言，能够一起使用语言与语言以外的传达方式，当然是一种好的"思维习惯"。

在语言转换过程中，各种信息会进行简化处理。

另外，光靠语言无法完全传达所有信息。

语言是一种强有力的工具，但不可过于迷信它的力量。

整合式思考：盲目行事往往会成为习惯

现代无疑是一个追求速度的时代。身处变化多端的世界，与其等待完美的答案再采取行动，不如有一些碎片式的想法，就赶快行动。边行动、边修正方向的做法似乎更符合当今时代的要求。然而，这并不意味着，任何事情都需要这样。

在商业领域，出于各种各样的目的，人们想要尽早采取行动。例如，在市场反应难以预测的时候，单靠想象和推测很难决定产品样式。这个时候还不如赶紧做出原型样板，收到实际的试用反馈后，再进行改善。如果不是面临类似的情况，盲目地采取行动并不可取。

当然，偶尔也有些场合，不管用什么样的方法，其结果都一样（一般来说不会导致严重后果）。"有一些想法，就赶快行动"的方式好像也能成功解决问题，不过那只是"瞎猫碰上死耗子"。那些看起来已经被成功解决的事情，其实本该有更好的解决办法。这种情况并不少见。另外，如果因此养成了"有一些想法，就赶快行动"的习惯，那么当遇到应深思熟虑后再行动的时刻，习惯按钮往往会被先触发，从而使人们很容易落入陷阱。

我平时虽然仔细思考着各种事情，但也并非时时刻刻对所有事物保持着关注。另外，这并不代表说，不进行整合式思考就绝对会导致失败。凭借条件反射本能地行动，很多时候也能保证事情进展顺利。

最关键的是："面对必须认真思考的问题，一定要把握住其本质。"这时，如果没有"本质思考习惯（即意识到本质把握能力并灵活运用的习惯）"，一旦遇到需要认真思考的时候，就很难思考得全面和深入。想要好好应对这种时刻，那么平常日积月累的训练必不可少。

从平常开始就要注意培养"本质思考习惯"。

"有一些想法，就赶快行动"的方式有时也会进展顺利，但一旦形成了习惯，需要发挥"本质把握能力"的时候，你就无法施展拳脚了。

适应性思考:"生搬硬套"通常没有好结果

可能是由于现在到处都在追求速度,所以很多人都想要立刻获得问题的答案。的确,如果处在紧急关头,那么所有人可能都想要立刻求得答案,这是人之常情。情况越紧急,人们越急不可耐。然而,一旦形成习惯,那就值得人们深思了。

自己不去思考问题的答案,而总是想依靠别人的答案,这种态度背后隐藏着一个根本假设,那就是"肯定有谁知道这个问题的答案"。然而,你自己面临的问题,真的跟别人过去处理过的问题一模一样吗?"别人知道的答案"真可以套用在自己所面临的问题上吗?不加判断,就扑向"生搬硬套的答案",这种行为十分危险。

这可能是老生常谈了,现代社会不但瞬息万变,而且还不断涌现着许多全新的事物。有些现象即使看起来相似,但本质上却可能是完全不同的东西。

现代日本在当今世界上可谓是一个"发达国家"。也就是说,日本现在面临的情况,可能在全世界看来都是全新的课题。日本在经济高速发展时期的标杆是欧美国家。当时的日本只要盯着标杆就好,道路已经摆在眼前,重点在于如何高效推进日本前进的步伐。那个时代日本的教育就是为这个核心任务而服务的。然而，如今日本需要考虑的是从哪里开创自己的道路，因此，现在日本需要的教育与以往完全不同。

在变化较少的时代，过去经历过的问题可能再次出现。因此可以重复利用以往的答案。曾解决过问题的方法也会行之有效。然而，在瞬息万变的时代，面临完全相同的问题的可能性越来越小。因此，利用以往的答案很难触及问题的本质。如果养成喜欢扑向现成答案的习惯，就会越来越认识不到"理解问题本质，探寻答案"这个过程的重要性。

如果不经历这个过程，面临新问题的时候就很难找到合适的答案。另外，如果养成喜欢扑向现成答案的习惯，还会产生依赖"生搬硬套的答案"的危险。一旦看到"生搬硬套"的现象，你就会用"现成的答案"来生搬硬套。

有些现象看起来相似，但本质上完全不同。因此，你经常会看到，照搬过去的答案是完全行不通的。如果能意识到探寻答案这个过程的重要性，那你就会进一步思考，为什么"生搬硬套的答案"发挥不了作用这个问题。

对于那些非常复杂且绝不允许失误的问题，你必须在理解问题的本质之后，再仔细探讨其解决之策。如果养成喜欢扑向"生搬硬套的答案的习惯"，就无法获得本质思考的习惯。这无疑是一种"坏的思维习惯"。

那如何锻炼能从根本上解决问题的"本质把握能力"，如何培养关注事物本质的思维习惯——"本质思考习惯"呢？接下来我会给出具体的训练方法。首先，我会从了解种种"陷阱"

开始，这些"陷阱"会妨碍你从根本上解决问题。

　　注意不要养成"只追求答案的本身"的习惯。

　　如今这个时代，过去的问题已经不一定具有参考价值。

　　强化"本质把握能力"，养成"本质思考习惯"十分重要。

循环式思考：一步一步逼近问题的本质

我在公众场合就"本质把握能力"与"本质思考习惯"进行演讲时，有一次碰到过这样一个问题（或者说是反驳）："要想在现代社会中生存，与其停下来慢慢思考，我们不是更应该先积极采取行动吗？"

的确，近年来的成功案例往往有一个共同之处：想法还未完全成型，就将其有形化，然后依靠现实反馈所得到的启示修正该想法，从而构建起一次次的良性循环。

然而，这个问题本身却让我感觉提问真缺乏"本质把握能力"，过于拘泥于方法。"思考"与"行动·实现"其实并不是一对反义词。同时，对"思考"来说，输入信息是必要的东西。这里所说的"将没有完全成熟的想法有形化"的这种"行动"，其实也是为了获得更加符合实际的输入信息而采取的动作。

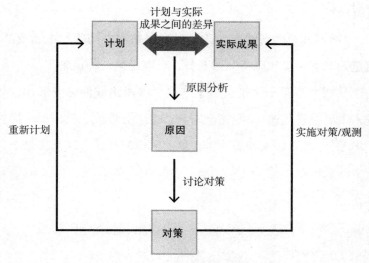

图1-3 项目管理的基本周期

　　不过，这可不是说，毫无考虑就开始行动。无论怎么纸上谈兵，要想正确预测市场反应都是非常困难的。与其盲人摸象，还不如直接将有形的产品推向市场，让市场来评判，从而获得良性的输入信息（市场反馈、发现之前没有考虑到的重要事项与未曾预料到的风险等），这才是"行动"的根本目的（当然，将想法有形化还有许多其他目的）。因此，其本质绝不是什么不加思考就尽快开始行动。

　　另外，根据从中获得的启示，你提出新的假设，让其反映到下一个产品上，这样可以检验假设是否正确。如果能形成一次次这样的良性循环，就能尽早向市场推出更优良的产品。不过，如果不能有效利用从样品中获得的启示，那么产品就会一直处于未完成的状态。在这种情况下，想要获得成功，其可能性就极低。

"把不成熟的想法有形化"是为了获得更精确的市场反馈，也是为了下一步"思考"做准备，可以说是一种试验。

从这个意义上来说，对于"尽早将想法或创意有形化，并投入市场获得反馈"，我完全同意，也十分赞成。日语里一提到"思考"，就会让人联想到坐在桌前沉思的样子，这其实是语言产生的副作用。

> "思考"与"行动"并不是一对反义词。
>
> 为了好好"思考"，"尽快行动以获得正确的输入信息"是很高效的举措，对此我十分推荐。你必须明白，尽早启动项目管理基本周期是非常必要的。

第二部分　本质思考的陷阱

陷阱

　　人们之所以被阻滞在问题的表面，很大程度是因为各式各样的思维陷阱。这些陷阱有的是源自人类的本性，有的是因为理性受到了情绪的浸泡，还有的则可以归咎于认知方式上存在的偏差。面对如此多的陷阱，每个人难免都有深陷其中的时刻，而如果人们意识不到自身的处境，那么就只能像无头的苍蝇一样在陷阱中四处碰壁。

　　妨碍从根本上解决问题的原因有很多。在大多数时候，多种原因会混杂在一起，共同产生影响。另外，当事人往往自以为是在从根本上解决问题，然而实际情况却并非如此。

　　为了防止大家不知不觉地掉入陷阱，我将剖析一下，在解决问题时的9类陷阱。以我自身的经验来看，在由于问题没有得到根本解决从而导致失败的案例中，八九成都是由于这些陷阱引起的。

　　首先，来看看图2-1：明明想要从根本上解决问题，结果却没能成功。

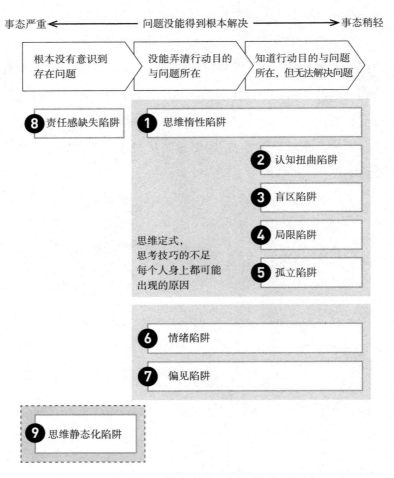

图2-1　妨碍从根本上解决问题的9类陷阱

陷阱1 思维惰性: 少思考是大脑的本能

在影响从根本上解决问题的陷阱中, 最频繁出现的要数"思维惰性陷阱"了。就人的大脑而言, 它天然地喜欢以最省力的方式来处理问题。因此, 在这种天然的牵引力的作用下, 每一个人往往会不自觉地掉进这个陷阱中。

简单来说, **该陷阱指的是不经过深入思考就断言问题的本质, 或者认定眼前的问题与过去经历过的问题一样。**

不但搞不清楚问题的本质, 还用"现成的答案"生搬硬套, 这就可谓是双重的"思维惰性陷阱"了。一旦掉入这类陷阱, 不但无法把握问题的核心, 而且也搞不清楚行动的最终目的。接下来, 我将举例分析, 掉入"思维惰性陷阱"的症状是什么样子的。

症状1: 沉醉于过去的成功, 看不到当前问题的背景与前提条件所发生的变化, 认定其与过去的问题一样。这一切将导致人们所使用的方法根本无法触及新问题的本质。

这里存在两个问题: 不思考问题的本质与行动的真正目标就妄加判断; 使用了完全错误的方法。

例如, 时代在变, 人的生活方式也在随之发生改变。很多在日本经济高速增长期身处业务一线的人, 后来成了领导者,这些人往往要求下属也采用那个时代的营销方式；或者说，由于自己不用SNS（社交媒体），他们想采用某种市场营销手法时，就完全不去考虑SNS的影响。这些都可以说是掉进了"思维惰性陷阱"的症状。时代瞬息万变，技术日新月异，过去无法做到的事情，现在很可能没有任何难度。

无论什么样的组织，其内部往往存在这样一种倾向：喜欢沉醉于过去的成功，即使当前进展不顺，往往也倾向维持既定方针。不到迫不得已的时候，这些组织绝不会反省自我。在环境发生急剧变化的时代，如果某人和某企业总是沉醉于过去的成功，那么这很容易招致巨大的失败。

症状2：对所谓的通常做法、标准做法不加思考就拿来使用。

这种症状与症状1十分相似，只是将过去的成功经历换成了社会上的通常做法。在未经深入考察的情况下，人们往往就在自己所面临的问题上套用这些做法。

然而，社会上的通常做法，真的可以随意套用到自己所面临的问题上面来吗？世界上可没有什么万能答案。另外，如果不能熟练地对信息加以判断，你就会混淆事实与观点，无法把握问题的本质。

现在，人们的周围充斥着各式各样的信息，而这些信息也并非都是正确的信息。很多媒体往往打着客观公正的幌子贩卖自己的观点。有时呢，它们确实也是在报道事实，只不过对事实进行了刻意的裁切。显然，信息发布者都是带着某种目的在传播信息。

虽然不是所有新闻媒体都会这样做，但不可否认，对于许多电视、报纸以及杂志来说，与传播真相相比，它们更注重的是收视率与销售量。因此，它们会往一个特定的方向去诱导观众和读者。

显然，我们必须考虑信息发送人的传播意图，获取我们所需的正确信息，以把握好问题的实质。

症状 3：自认为透彻地理解了问题的本质，并基于自己的臆想就给问题下定论。或者，基于对自己有利的假设去寻找解决问题的办法。

人们明明想洞察问题的本质，结果却经常被问题的表象牵着鼻子走。表象之下，才是人们应该努力思考的地方。

一听到咳嗽，人们往往就会联想到"感冒"。的确，感冒经常会引起咳嗽。然而，并不是只有感冒才能引起咳嗽，也有可能是由于过敏或者感冒以外的其他病因。显然，应该仔细检查咳嗽的实际原因，然后再进行恰当的处理。否则，症状不但难以消除，病患还有可能加重。

另外，人们在剖析问题的本质时，往往基于有利于自己的假设。然而，加上这些假设的那一瞬间，原来的问题可能已经变成了另一个问题。最终，人们其实是在努力解决一个另外的问题。一种现象不一定仅仅只对应一个因素。有时候，多重因素叠加才引发了某个现象。有时候，单个因素并不会诱发问题，而只有当该因素与其他因素结合，才会引发某个现象。有时候，一个因素也会同时引起多个现象。

仅根据表面现象，就对原因下定论，这种行为也是掉入"思维惰性陷阱"的症状之一。

越是重要的问题，在进行判断时，你就越应该首先着力于看清其本质。千万不要不加思考，就下结论。即使有些情况看起来跟过去如出一辙，但时代背景、技术条件都变化了，这就意味着其处理方式也会不尽相同。

人们希望能以最快的速度处理问题，因此对于现成的方法充满了渴望，很容易忽略匹配性方面的因素。然而，方法是为了实现某个目标而存在的。如果不首先正确认识自己要达成的目标，方法的选择也就无从说起。

案例 1　思维紧箍咒：警惕那些成功的经验

　　某项目经理因在小规模的新品开发项目上获得成功，从而得到了提拔。他自信满满地开始担任大规模的商品开发项目的经理。在推进新项目时，他沿用了过去的方法论与管理手法，然而由于规模不同，新项目进展困难。"上次在面对困境时，我们努力拼搏，并成功渡过了难关，获得了最后的胜利。"该项目经理沉醉于过去的成功，不愿借助周围其他人的力量，想强行推进项目。同时，周围的人都知道项目经理过去获得了成功，所以不太敢劝诫，任他为所欲为。

　　最终，交货期推迟，产品质量也出现了问题，事情发展到了难以挽回的地步。

大规模的项目与小规模的项目就像两种完全不同的动物，饲养方法与饲料完全不一样。虽然两者之间也有一些可以通用的原则，但规模的不同直接决定了所面临问题的差异。

案例 2　表面化模仿：有些东西是永远复制不了的

　　A在某市经营一家咖啡店。这家咖啡店在市区内共有5处门店。

　　该咖啡店历史悠久，并深受当地市民的喜爱。然而最近，由于国际大型连锁咖啡店加入了竞争，A的咖啡店的销售额因此一落千丈。

　　A为了视察敌情，拜访了该地区的几家国际连锁咖啡店。他惊奇地发现，这些咖啡店的服务水平非常之高。店员虽然年轻，但每个人在客户服务上都下了苦功夫。

　　A仔细研究了国际连锁咖啡店后发现，它们没有标准的客户服务手册，服务客户时完全靠店员的主动意识。

　　这种做法给A留下了极其深刻的印象，因此，A也在自己经营的5处门店里，废除了标准的客户服务手册，想要让员工发挥自己的自主性。

完全复制其他公司的成功做法，其实很难获得自己期望的结果。其实稍微思考一下就能明白这个道理。员工素质不同，项目不同，考评体系跟薪酬体系也不一样。所有要素都完全相同的话，纯复制的方式或许还有成功的可能性，不过，这种情况并不现实。

这家国际连锁咖啡店，向所有员工（包括打工人员）都派发了记有公司重要事项的笔记本，对每个人进行了长达80个小时的新员工培训。同时，它还确立了日常反馈制度。

　　如果看不到成功企业的背景和它们所做的前期准备，那么想单凭模仿其中一项措施来大幅提升自己企业的效率，这显然是不可能的。

案例 3　本末倒置：相关关系不等于因果关系

　　据某公司的调查，近50%的东京大学的学生在小学时代学过钢琴，而日本小学生学习钢琴的比重则刚刚超过20%。由此可见，在进入东京大学的学生中，小学学过钢琴的人比例非常高。因此，可以说学习钢琴，能在某种程度上提高学习能力。

　　看了这组数据和结论，不知大家作何感想？你是否认为，如果问卷调查所覆盖的范围足够广，这个结论就是正确的呢？这一类的文章一直很流行。只是把钢琴换成了游泳、体操或者其他爱好。当然，钢琴可能确实对提高学习能力有帮助，然而我们不能不加验证就全盘接受这篇文章的结论。到底是不是因为学钢琴就容易考上了东京大学呢？

　　这里的因果关系其实并不牢靠。从小学时代就能学习钢琴，这证明这些孩子的家庭较为宽裕，父母也愿意积极为孩子的教育投资。或许正因为在这样的家庭中长大，所以这些孩子从小就被灌输了考上东京大学的志愿。同时，由于这些孩子拥有了理想的学习环境，所以更容易考上东京大学。

　　如果父母拥有高学历，那么他们就会让孩子认识到学历的重要性，并为之努力。智力虽然可以遗传，但我个人认为，考大学并不需要极其优秀的智力，本人的意愿以及家庭环境的影响起到了更为关键的作用。

显然，对因果关系的误解会导致不明就里的行动。另外，我们还经常可以看到一些混淆了因果关系与相关关系的例子。

顾名思义，因果关系指的是原因和结果之间有着明确的关系。学钢琴与考上东京大学的例子其实就搞反了原因和结果。

相关关系指的是当一方发生变化时，另外一方也同时发生了变化。相关关系不一定就是因果关系。很多时候，事物之间并没有因果关系，只有相关关系。偶然的相关关系非常多，而人脑有个习惯，就是经常赋予这些偶然的相关关系很特殊的含义。这一点本书后文还会详细讲述。

例如，地球的平均气温在过去的200年间持续上升。这是一个事实。同时呢，地球的人口数量也在过去的200年间持续增长。可以说，地球的平均气温与地球的人口数量之间存在相关关系，但不能说两者之间存在因果关系。在冰河期之前，气温与人口数量有时候的确呈现出因果关系。然而，在过去的200年间，气温与人口数量之间并不存在因果关系。

有人会恶意地把相关关系说成是因果关系，混淆二者。这方面的例子很多，绝对需要注意。

案例 4 轻率判断：完全依靠自己的主观感受

有3个新员工，被派来当我的下属。

他们虽然看起来很有干劲儿，但工作中却错误百出。最关键的是，在连续出错后，3个人看起来一点儿也没有觉得不安和警醒。他们不但像没事儿的人一样，而且还一如既往地聚在一起嘻嘻哈哈。

难道这就是所谓的"宽松世代"的年轻人吗？我的肺都要气炸了。他们也真是太缺乏紧张感了。显然，是时候狠狠地教训他们一顿了。

于是，我把他们叫到自己跟前，劈头盖脸就是一顿骂，态度非常严厉。或许，他们会牢记这次教训，以后就不会再犯错了。

第二天，3个新员工中的一个没来上班。这是什么意思？给他打电话，他也不接，我只好在电话录音里留下消息，让他来上班。

过了两天，他来了封邮件，说要辞职。怎么会发生这种事情……

第二周，人事部那边又来了消息。3个新员工中的另外一个想要调换部门，跑到人事部那边去了。

公司新员工频繁出错的原因，难道真的是缺乏紧张感吗？

这位上司刚进公司的时候，是不是也被部门负责人这样斥责过呢？这位上司把新员工频繁出错的原因归结为缺乏紧张感，并对此严厉斥责。这明显是一种很轻率的举动。

对于公司新员工来说，刚刚迈进职业生涯的大门，接手第一项工作。这个时候，根本不可能不紧张。结果，上司却断言他们缺乏紧张感，为此还严厉斥责了他们一顿。这些新员工内心所受到的打击可想而知。新员工们就像没事儿的人一样，这只是这位上司的一种主观判断和感受，并不能当作客观评判的材料。

新员工们因为受到严厉斥责就无故缺勤，并提出辞职，这种处理方式也有些反应激烈了。不过，在对工作的态度、对公司的忠诚度等方面，他们与上司完全不同，因此他们的选择是好是坏，外人就无从评判了，只能说他们的这种选择是可以理解的。

整个事件，最致命的是这位上司不去了解公司新员工的真实状况，就下定论的这种态度。这位上司首先应该冷静地思考，新员工为什么会接连不断地犯错。既然是新员工，那么在工作过程中，就会比其他人多犯一点儿错误。从某种意义上来说，这是必然的现象。如果这位上司能与新员工们一同思考怎样改善工作流程，就不会招致这样的结果了。

案例 5　数据迷信：对于所谓"客观证据"缺乏反思能力

　　大家是否有过通过图表来评判事物的经历呢？

　　现在请大家观察以下三张图表（图2-2），然后阐述一下这三张图表各自代表了什么意思。

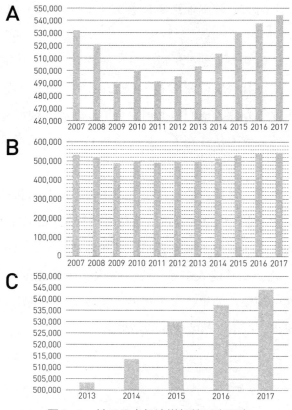

图2-2　关于日本经济增长的三张图表

从图表A看，过去曾经繁荣，之后步调放缓，低迷不振了数年之后，近年来又重回上升渠道，最近几年的表现要优于10年之前。

从图表B看，这10年间基本处于停滞不前的状态。

从图表C看，这5年的增长势头猛烈，发展迅速。

虽然不知道是关于什么的图表，但大多数人是不是都会这样解释呢？

这几张图表的确给人们带来了这样的印象。那么上述的解释是否正确呢？

其实，这三张图表都是基于完全相同的信息制成的。它们都代表了2007—2017年这11年间日本GDP的变化。它们之间的区别仅仅在于纵坐标轴上的刻度与横坐标轴上的时间范围。三个图表的做法都没有错误。不过，信息发送人可以根据不同目的，让相同的信息去支持完全不一样的结论。

图表A：2009年之前经济持续低迷不振，与2009年之后经济的快速发展形成了鲜明对比。显然，这种呈现方式会放大信息对比的效果，突显前后的不同。

图表B：与A其实是完全一样的信息，但看起来却没有太大变化。如果想展示该期间基本毫无变化时，人们就会采取这种呈现方式。

图表C：选取了图表A中最近5年的信息，但看起来，就好像5年前本来不存在的东西，到2017年时突然增长了数十倍一样。如果想强调过去几年间经济增长的速度，人们就会采用这种呈现方式。

如果仔细研究图表，人们都会发现这些小秘密。然而，如果这些图表隐藏在一个动听的故事里，人们很可能就囫囵吞枣，全盘相信了。

另外，在"思维惰性陷阱"的第三个案例中，我曾提到过故意混淆因果关系与相关关系的现象。如果与图表的呈现方式组合起来使用，有些别有用心的人，**就能把偶然的相关关系伪装成因果关系**。因为通过巧妙地调整图表的纵轴与横轴，两个毫无关系的事件就能呈现出因果关系的模式。

每个人必须时刻提醒自己，不要被这些别有用心的说明欺骗。

案例 6　惯性定律：保持现状往往成了第一选择

　　X先生勤勤恳恳地为公司工作了45年，从零开始，构建了公司会计部门的整个系统，可谓劳苦功高。在过去的30年间，公司的董事会一直采用X先生精心设计的经营管理报告。

　　上个月，这位会计部门的传奇人物，退休了。与此同时，公司使用了30年的会计系统也需要更新了。现行的会计系统还在使用过去的技术，稍微一点儿变更就会产生昂贵的费用。替换硬件等也会多花一些不必要的经费。

　　公司在确定新系统标准时，要求新的软件必须能兼容X先生精心设计的经营管理报告。公司高层可能觉得，如果不继续使用X先生创立的经营管理报告，就有愧于他。

以30年前制作的会计系统为参照物，来实现系统的更新换代，这显然完全弄错了更新的意义。不过，这点暂且不论。

在这个案例中，每个人要注意的是，讨论的重心一直围绕着"X先生精心设计的经营管理报告"。然而，搭建会计系统其实并不是公司运营的目的，而使会计系统契合公司对数据分析、经营管理的需要才是目的所在。新系统必须兼容"X先生精心设计的经营管理报告"，这种要求与公司的运营目的就更加不相干了。

创设会计系统只是为了掌握公司经营情况，发现需要改进的地方。

对对象本身还没有进行充分探讨的情况下，就开始讨论应该采用的方法，**最终很可能导致方法与实际对象完全脱离**。

决定采取某一种方法可能是过去最正确的决策。然而，一种方法不会在所有时刻都是最佳选择。技术在不断革新，环境在不断改变，工作的方式方法也应该随之变化。

同时，如果讨论聚焦于问题的本质，那么无论外界发生怎样的变化，人们都能直接找到最恰当的应对之道。如果忽视问题的本质，只是一味地讨论方法，讨论最后就可能会变成"老方法保卫战"。

另外，后面我们将讨论"知道行动目的与问题所在，但无法解决问题"的情况，可以说这种"思维惰性"的陷阱就是其原因之一。这些"思维惰性陷阱"可能出现在所有场合。想要从根本上解决问题，大家就一定要注意，千万别掉进这些陷阱里面。

"思维惰性"有不同的版本，也是最常见的思维陷阱。

我们应该注意：不要迷信过去的成功经验、常识、通论、权威、舆论等；不要不加思考就轻易地下结论；不要被表象迷惑，不加研究就胡乱归结原因，采取错误的方法。

无法正确解释所获取的信息，仅凭表象就做出判断，这种错误行为也包含在该思维陷阱之内。

陷阱2　认知扭曲：心理防御机制的副作用

由于懒得思考问题的本质，所以也谈不上从根本上解决问题，这是"思维惰性"。

虽然意识到了问题的存在，然而却由于强烈的自我保护心理，而不愿意承认并着手解决，这种情况就是"认知扭曲陷阱"。那为什么不能解决问题呢？其原因就在于自我保护心理会扭曲人们对现状的认识。每个人都不太愿意承认自己犯了错误，这是天性。

即便正确理解了目的、目标、计划，然而如果无法正确认识现状，那么就难以找到具体的方式方法。如果完全没有能够展示现状的指标或数据，那么就完全没有讨论的必要了。不过这种情况十分少见。虽然有可能不够充分，但基本上每家公司都会有掌握现状的方法。

然而，出人意料的是，即使能够得到代表现状的数据，很多时候人们也不愿意老实接受。在某一项工作上，花费的时间与精力越多，人们就越不愿承认现状与其理想状态的差距。出于自我保护的目的，人们往往会把不满意的结果归咎于外因，把失误归因于客观条件或不可抗因素，从而他们永远无法直面自己的粗心大意、懈怠、懒惰、嫌麻烦。这样就无法从根本上解决问题。

　　显然，如果不能正视这种差距（计划与实际成果之间的差异），那么在之后就无法分析根本原因。即使大的方向正确，但一旦要采取具体措施时，就会出现疏漏。为了更加客观地把握现状，每个人必须从各种角度重新对现状进行审视。

　　在日常工作中，每个人都应该明确定量数据与定性数据的使用方式。在确认数据正确之后，还要培养自己使用数据的习惯。数据的核心价值在于对某项事物进行说明，人们很少为了数据本身而收集数据。从数据中得到的启示，会促使人们采取某项具体行动。采取行动改善现状才是更加重要的事情。

案例 1　强调特殊性：对抗问题的万能盾牌

本人率领着一个新程序的开发团队，团队成员每天都充满干劲儿地日夜奋斗。然而，部门负责人的指标显示，与其他团队相比，我所领导的团队的生产效率较低，同时产品质量也存在很多问题。

领导要求进行整改。然而，本人却觉得，虽然指标上看不出来，但我所领导的新程序开发团队负责面对很多需要攻坚的难题。我的团队的表现并没有什么问题，因此我并未采取什么特别的措施。

几个月以后，新程序开发团队进度缓慢，质量上的问题进一步恶化，导致不得不修改部门的整体目标。

随后，在分析原因时，我发现，其他部门都配发了专门用于开发的机器与网络，而新程序开发团队与它们相比，作业环境极其不稳定，因此不得不再一次重新开始。

新程序开发团队的确是在全力以赴。他们既没有怠慢工作，也不是在能力方面存在缺陷。然而，针对作业环境不稳定的问题，应尽早发现并采取措施。团队领导人如果能虚心接受指标的意义，早点儿追查原因，那么也就不会造成这样的局面了。

案例 2 事实筛选：只强调有利的各项指标

我负责的企业经营课，好不容易完成了本月的目标销售额。

然而，在分析手里的绩效信息时，我发现，有的团队的业绩大幅度落后于预定目标。这次完全是因为运气好，突然从天而降了一个大订单。

一年到头，每个月都能顺利完成目标销售额的情况很少发生。同时，像这次一样，有的时候突然会天上掉馅饼。世界就是这个样子的。

获得大宗订单的团队下个月的销售额可能会减少，而这个月状况糟糕的团队以后的情况也会好转。

不管怎么说，本月目标达成真是太好了。

这个案例中，数据帮助管理者意识到，本月之所以能够达成目标销售额，完全是出于偶然的幸运。不过，有的团队为什么没能完成目标销售额，管理者却没有分析到位。如果只是由于偶然的不幸事件，那么管理者的分析倒是没错。

显然，没能完成目标销售额很有可能是团队架构出了问题，那么这样一来，该团队在下个月可能依旧完不成目标销售额。

本月虽说完成了目标销售额，但不去关心团队具体的数字

就不太对了。好不容易才获得的能展示现状的材料，一定要好
好利用。

　　要想选择合适的解决方法与解决手段，我们必须
首先理解问题的本质，掌握现状，坦然接受那些让人不
太愉快的信息，分析计划与实际成果之间出现差异的原
因，然后再考虑应该采取何种对策。

陷阱3 盲区：紧急状态下人的视野会收缩

在面对那些迫在眉睫的麻烦时，人们的视野会极速地缩小。应该说，这种机制确实帮着人们逃过了许多危险时刻。不过，有的时候，这些迫在眉睫的麻烦其实源于更深层次的原因。如果不解决更深层次的麻烦，迫在眉睫的麻烦就会反复发作。

当发现计划与实际成果之间存在差异时，错把这种差异当成了症结所在，这就构成了"盲区陷阱"。有的人在分析问题时所依据的逻辑是正确的，但分析缺乏深度，无法触及问题的核心。

问题没有解决，当然可能是因为所实施的措施有问题。不过，由于没有触及根本原因，有时候看起来问题一时解决了，但很有可能会再次发生。依靠这种"头痛医头，脚痛医脚"的方式，问题是无法从根本上得到解决的，而这无疑是"盲区陷阱"的一种症状。

案例 1 斩草不除根: 疲于奔命的应付法

　　某部门的销售额大幅度低于预期。

　　在经过一番调查之后, 结果发现主要是因为顾客投诉实在太多了。该部门员工为了处理这些投诉花费了大量时间, 从而导致正常的营业活动受到影响。

　　为了能尽量把时间用于正常的营业活动, 公司决定修改客服手册, 缩短处理客户投诉所花费的时间。

　　如果处理投诉的时间能够减少, 那么原本的工作节奏就将恢复, 那么业绩就真的会提升。然而, 这里的根本问题, 不是"处理投诉花费的时间过多", 而是"顾客投诉过多"。为什么会出现顾客投诉呢? 显然, 这时应该首先考虑的是怎样减少顾客投诉, 或者说怎样消除顾客投诉。这个问题不解决, 就很难从根本上提升业绩。顾客一直在投诉, 那么处理投诉的时间就永远不会减少。

　　如果明明发现计划与实际成果之间存在差异, 却分析不出根本原因, 就只能停留在"头痛医头, 脚痛医脚"的层面。

　　某个特定的人物很少会成为问题的根本原因(权利骚扰, 性骚扰的情况除外), 所以简单换人不一定就能解决问题。

案例2 亡羊不补牢：不要把时间花在无用功上

你是一位新任的项目部经理，某天收到现场负责人的消息，说是本来应该配备30名开发人员的系统项目，现在只有20人，要求增加人手。

你看了下项目计划书，发现确实现阶段需要30名开发人员。如果不增派人手，按现在的人员配置，项目进度肯定会大幅拖延。因此，作为项目经理，你同意了现场负责人的要求，增派了10名开发人员。

然而，过了2个月后，现场负责人再次提出了增派5人的要求。上一次经过公司内部调整，好不容易凑出10人，如今又出了什么情况？

你仔细一问后得知，上次的10个人很快就适应了新工作，并且干得还不错，可是该项目的初始成员却相继离开了。

通过进一步的调查，你发现，该项目的人员流动非常频繁。项目启动时的开发人员已经都走了，这使得后来的组员并不知道项目初始时的很多重要信息。

你把项目组的成员们都叫来，挨个听取了意见。最终，你终于找到了症结所在，原来是现场负责人喜欢利用权力打压下属，造成了原有项目组成员的大量流失。

最开始，在收到增派人手的要求时，该负责人就应该好好确认，为什么项目组变成了20个人。本该需要30个人的地方却只剩20个，这种状况绝对是有原因的。

如果现场负责人的管理习惯是造成项目成员流失的根本原因，那么光听他的报告是不会了解实情的。

陷阱4　局限：只基于自己掌控的范围寻找方案

如果既理解了问题的本质，又对现状有了把握，同时能发现计划与实际成果之间存在差异，并分析出了根本原因，那么接下来就该针对问题的根本原因采取行动。然而，这个时候，人们总是很容易自我设限，只是利用自己能掌控的资源来解决问题，因为不用麻烦别人。

如果最后关头掉以轻心，人们就很容易"画地为牢"。诚然，依靠自己掌控的资源，在一定程度上确实能快速地解决部分问题。不过，想从根本上解决问题，这是远远不够的。

"画地为牢"有多种表现。例如，明明稍加调查，就会发现更好的解决办法，但他偏偏忽略了调查，直接采用了自己熟知的方法；本该向专家组寻求帮助，但他只是让身边人来帮忙应付过去。

人们都倾向于选择手头现有的解决办法，当然，这些方法有时候确实就是最佳的选择。不过，也有另一种可能，人们手边没有现成的最佳解决办法。在这种情况下，人们必须拓宽思路，去挖掘更多的可能性。思考解决方案时，不应囿于自己的职位，也应该设想一下，如果你拥有更大的权力，你会怎么去解决问题。基于这一点去跟上司积极沟通，说不定能让上司放宽条件或者是改变前提条件。如果成功做到这一点，解决问题的途径会变得十分清晰。

　　一切思考的核心目的是从根本上解决问题，而不是由自己解决所有问题。你的上级的存在意义，就在于他们能够解决你解决不了的问题，能够改变你改变不了的东西。

案例1 搭便车：免费的东西往往代价更高

你所在的部门需要使用一种数据分析软件工具，不过本期预算没有包含该软件工具的费用。

为了尽量减少成本，你向同部门的精通各类软件的A请教。他向你介绍了一款免费软件工具。A虽然不是该领域的专家，但真正非常精通各类软件。他介绍给你的软件确实能够满足现有需求。

经过确认，发现这种软件与公司现行的系统能够兼容，于是你开始正式用该软件对部门数据进行分析。

接着，为了顺利使用该免费软件工具，你的部门对现有系统进行了若干修正。然而，没过多久，你就发现，当用户数量增多时，该免费软件工具无法处理所有的用户请求。

经过专家的详细分析，必须采用某大公司提供的收费数据分析软件才能从根本上解决问题。于是，你的部门只好重新购买，同时，为了使用新的数据分析软件，你的部门必须再次对系统进行修正。

结果，为使用免费软件对系统所进行的修改完全成了无用功，最终项目工期也被迫延长了。

显然，在选择软件时，就应该直接请教专家，由他们来进行分析与推荐。仅仅在手边的那几款软件中选择，这无疑是一种很肤浅的思考方式。

案例 2 换位思考：从更高的角度审视问题的本质

　　新产品开发进入了最终阶段，然而这时公司突然要求对产品规格进行重大更改。由于这是董事长直接下达的命令，绝不能置之不理。然而，产品规格的重大调整涉及面非常广泛。如果要遵循这个要求，产品上市时间就会延期。

　　另一方面，由于新产品的上市日期已经在社会上进行过广泛宣传，推迟上市日期也会造成不小的负面影响。如果想赶在计划的上市日推出产品，那么整个开发部门都必须通宵达旦地工作。

　　其实还有一个选择，如果能去积极说服董事长之外的其他董事，让他们同意在变更产品规格的同时对某些功能进行限制，那么也能够保证按时上市。不过，由于开发部门成员没有提出任何异议，所以管理层以为变更产品规格非常容易。

　　作为新产品开发部门的责任人，其责任绝不仅仅是在自己的权限内保证工作完成。**他应该与上级以及拥有更大权限的领导积极进行交流，尽全力提高现有工作的成功率。**

　　大多数情况下，管理层并未意识到，改变产品规格将带来什么影响。如果使他们明白产品规格的变更会降低项目成功率的话，那么大多时候他们就不会把这个要求强加于人。只要是与新产品开发项目有关的人士，相信没有谁会期盼项目失败。

虽说是董事长的命令，但针对产品规格变更所存在的风险，项目负责人应该准确地告知各位董事，从而努力提高（至少不是降低）新产品开发项目的成功率。

就算结果没有变化，产品规格最终仍然需要修改，但项目负责人也必须如实告诉管理层这一举措的后果。比如说，为了修改产品规格，产品的上市日期将延后；为了赶上产品上市日期，追加人手并彻夜加班会大幅度提高成本；如果在这个节骨眼上修改产品规格，那么产品的其他功能肯定会出现问题。你必须尽可能说明所有自己预想到的风险，并在此基础上想出对应之策。

人们在讨论从根本上解决问题的方法时，不要只考虑那些自己能够掌控的选项，还应该基于问题本身来思考。同时，也应该设想一下，拥有更多权限的上级应该怎么处理这个问题。如果能说动上级，那问题的解决途径会变得更清晰，效率也会提高。

陷阱5　孤立：忽视各问题之间的关联

当找到了最合适的方法，人们就可以聚焦于措施了。**然而，有时候会出现这样一种情况，人们仅仅满足于采取行动，而对于问题最终是否获得解决，并没有进行查验或确认。很多时候，人们只是自己感觉，问题已经成功解决了。**

只有确认问题真的得到解决之后，目的才算达成。然而，经常出现的情况是，刚查验就会发现，预期效果根本没有达成。如果出现这种情况，人们必须再次开启本质思考的循环：首先确认是否真正找到了问题，同时必须认清现状与计划之间的差异，并正确分析差异形成的原因，并针对问题的根本原因采取相应的措施。

另外，人们所采取的措施可能确实解决了最初的问题，然而却同时引发了其他一些问题。在这种情况下，就不能说该问题从根本上被解决了。如果与最初的问题相比，新问题的危害可以忽略不计，那么人们的努力还是有价值的。如果情况相反，问题不但未能解决，还引发了更大问题的出现，那就得不偿失了。

切记，对于从根本上解决问题而言，查验和确认工作必不可少。

案例 1　关联意识：制度设计不要拆西墙补东墙

　　会计部门负责人通知你，你领导的团队的日常花销增长太快，尤其是出租车费用已经超过了公司规定的上限。经过调查后，你发现，原来是最近深夜加班的情况越来越多，这造成了出租车费用的急剧增长。

　　于是，你颁布了一条新规定，只有事先经过你批准，搭乘出租车的费用才能报销。

　　此后，你从审批数量上来看，感觉搭乘出租车的情况应该是减少了。虽然你肯定，自己的团队成员都严格遵守了该规定，但并没有仔细检查费用的使用情况。

　　几个月后，会计部门负责人发现，你的团队的日常花销并未减少。出租车费用虽说减少了，但是住宿费用却增加了。

　　削减费用与遵守公司的规章制度（本案例中指的是出租车费报销的相关规定），由于过于关注后者，导致了对前者的忽视。

　　在本案例中，负责人把团队的日常花销看作是问题的关键。然而，在实施了有针对性的措施后，他并没有检查团队的日常花销，只是将注意力放在了"搭乘出租车"这种行为上。最终的结果不尽如人意。显然，在本案例中，团队负责人同时还掉入了"思维惰性陷阱"和"盲区陷阱"。毋庸赘言，在本案例中，只有想办法减少深夜加班的情况，才能从根本上解决问题。

必须重新开启本质思考的循环：首先采取措施减少加班，并着手削减出租车费及住宿费等日常花销，然后再次检查各项措施是否真抑制了日常花销。

> 实施有针对性的措施之后，必须要检查一下，这些措施是否带来了预期效果。有可能在问题得到了解决的同时，引发了其他问题。最行之有效的方式是，我们将问题抽象地分出层次，一层一层地检查问题是否获得了解决。

案例 2 正反面思考：想方设法堵住思维的漏洞

我们很容易拘泥于自身的假设，尤其是那些自己呕心沥血好不容易得出的假设。于是，我们总会断定自己的假设是正确的。

只有在特定条件下某事件才会发生，在其他条件下，该事件必定不会发生，这就是假设。然而，当人们绞尽脑汁想证明假设成立时，却很容易忘记假设的另一个侧面，**那就是去证明，在其他条件下该事件不会发生。**如果不能同时证明这两者，那假设就无法成立。

在本书中，我将用卡片的例子进行说明，这个事例其实很常见。

有一堆卡片，它们的正面写着英文字母，背面则写着数字。

有这样一项假设：如果卡片的正面上写着偶数，那它的背面就肯定写着大写字母。

现在桌上摆着2、A、b、1这四张卡片。

那么请问，现在至少要翻开几张卡片，才能确认刚才的规则成立呢？

为了确认规则成立，必须先要确认偶数卡片（2）的背面写着大写字母，同时还必须确认，除大写字母卡片以外的卡片（卡片b）的背面没有写着偶数。除此之外，就无所谓了。不管奇数卡片（1）的背面写着大写字母还是小写字母，也不管大写字母卡片（A）的背面写着奇数还是偶数，这些都没有关系。

不过，很多人其实一看到"偶数卡片背面肯定写着大写字母"这条规则，就会误以为大写字母卡片的背面也必然写着偶数。

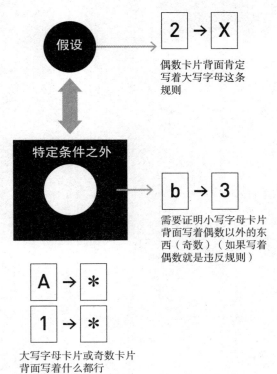

图2-3　容易被人遗忘的"特定条件之外"

同时，人们还可能忘了确认，大写字母卡片以外的卡片，背面是否也写着偶数。切记，大脑很少会去关注特定条件之外的东西。在证明某假设的时候，需要用数据证明在特定条件下其结论成立，同时，也要拿出数据来证明除特定条件外，其结论无法成立。

为了证明某个假设，我们不要忘记确认在特定条件之外其结论无法成立。

陷阱6　情绪："非理性"会彻底扰乱思维过程

前面介绍的几种妨碍问题根本解决的陷阱，大都针对的是思维定式和思考技巧而言的。

其中，"思维惰性"的危害最大。由于没有从根本上理解问题，所以要拿出合适的解决方案的可能性非常小。其他几种陷阱都是大方向没错，但没有选择最合适的解决方案。

"情绪陷阱""偏见陷阱"则是每个人都会出现的一些常见原因，导致问题不能解决。人们有时候会单独陷入这两种陷阱中，也可能在其他陷阱的底部，又陷入这两种陷阱中。

"情绪化"指的是**由于情绪波动，人们往往会做出一些长远来看明显"弊大于利"的选择**。它包括了各种情绪波动，比如灰心丧气、悲伤等。对于人类而言，情绪波动是难免的。然而，如果想要解决问题，就不可放任怒火燃烧。

案例 1　冲动是魔鬼：要解决问题，而非借问题发泄

　　由于员工消极怠工，致使某系统开发项目的报告书与设计书没有及时备份。很不巧的是，由于网络故障，项目经理的心血之作——项目管理档案部分丢失，必须再次从头做起。

　　项目经理之前就屡次要求该员工，必须仔细确认作业环境并及时进行备份，然而还是发生了这种事情。因此，项目经理接连几天对该员工进行了严厉斥责，把该员工逼到了绝境。让人觉得，该项目经理其实是在发泄私愤。

　　该员工最后被逐出了项目组。不久之后，该员工就从公司辞职了。

　　然而，该员工其实拥有某种特殊技能，对该项目来说必不可少。公司正是基于这一点，才在项目途中雇用了该组员。由于无法找到拥有相同技能的人员，项目组不得不放弃使用原来计划要采用的技术。这一切直接导致项目进度大幅延迟，不但其开发费用严重超额，质量还存在问题，最终公司不得不中止了该项目。

　　切记，在情绪激动时，人都很难做出正常的判断。如果发现自己处于情绪激动的状态，那么你千万别对那些非常重要的

事情做出决定。从长远来看，这些极端情绪化的决定并不利于团队、部门或公司。在思考时，人们必须先让自己冷静下来。发泄私愤的做法百害而无一利。

案例 2　非理性迷雾：每个人都要为自己的不冷静买单

A君是东京都内某私立高中的学生。

担任英语课程的B老师授课水平高超，得到了大家的一致肯定，同时B老师性格温和，在学生中也获得了很高的评价。

然而，A君却始终不喜欢B老师。原来，B老师曾经在A君以前待过的初中任教。

虽然A君跟B老师之前并不认识，也未曾受到B老师的欺负，但由于A君在初中过得很不愉快，所以连带对B老师也没有什么好印象。

本来A君英语就不怎么好，又不愿好好听B老师上课，结果A君对英语的厌恶情绪越来越浓，成绩也始终没有任何起色。

如果B老师对A君真有很过分的行为，那A君的心态还是情有可原的。然而，仅仅因为讨厌过去的初中，A君就将这种情绪迁移到B老师身上，这实在太令人遗憾了。他主动放弃了这个千载难逢的机会，而这样的选择明显对自己是有害的。

A君在初中时代有过比较悲惨的回忆，这确实让人同情。**然而，人们无法改变过去。**如果始终笼罩在过去的阴影中，那A君就很难获得真正的快乐与幸福。

过去的事情就让它过去吧，人们在做选择时，更应该着眼于现在与未来的幸福。

　　人们应当优先考虑从根本上解决问题，而不是以问题为借口，来发泄自己的情绪。

　　情绪激动的时候，必须慎重，必须反复用本质思考的方式去确定自己的最终目的。

陷阱7 偏见："无意识"会形成很多思维死角

在从古至今的进化过程当中，人类形成了各种各样的视角。

这些视角能帮助人类节省大量的判断时间，从而确保人类能够生存下去。从这个意义上来说，特殊视角提高了人类的效率，从而为人类带来了巨大的好处。只是，有时候这些视角会妨碍人们从根本上把握问题，让人们无法采用最有效的措施去解决问题。

由于视角内嵌在思考的运作模式中，因此很难将其排除。同时，这种运作模式也会与其他陷阱相生相伴。"思维惰性陷阱"就与固定视角有着极强的关联度。话虽如此，人们也可以反复思考自己所下的结论（问题的本质或者选择的解决对策），考虑一下，这些结论是否受到习惯的影响，偏离了原有的轨道。

相信很多人都听说过"无意识偏见"这个词。这种偏见由每个人的文化背景、个人经验、所属团体、视角等多种因素形成。另外，大众传媒反复的宣传报道也可能让人们形成"无意识偏见"。无意识偏见在不知不觉中影响人们的判断。所有人都必须认识到这一点。

案例1 先入为主：思维定式往往会形成误导

接下来我要阐述某个人物的故事。请大家在脑海里想象一下这个人的形象。

我是吉田特种螺钉制作所的领导人，我公司年销售收入高达800亿日元。

吉田特种螺钉制作所在日本拥有5家制造工厂，其产品运用了具有自主知识产权的独有技术，在业界内享有盛誉。

就我个人而言，我的家里有两个孩子。

儿子前几天刚进小学。女儿还在上幼儿园。

我的配偶今年20多岁。

我的爱好是打高尔夫，平均每个月会打两次。我感觉自己的水平还不错。

我的爱车是奔驰S系列。

配偶跟我一起住，他是一名男性。

怎么样，大家脑海里浮现出的是一个什么样的人物形象呢？如果没猜错的话，大部分人开始肯定会不自觉地认为，这是一位五六十岁的中年男性。

这家制作所的名字听上去挺像是家族企业，而这类制造业的企业家形象一般都是中年男性。然而之后，一听孩子的年龄，大家又开始觉得这人应该更年轻一些。有的人会想象这是一位"企二代"，也有的人会想象这是一位与年轻女性结婚的中年企业家。特别是听到其配偶的年龄才20多岁时，很多人肯定更加确信了自己的这一看法。

接下来，人们又听说，这人喜欢高尔夫，而且拥有一辆S级奔驰。于是，很多人可能会想，这果然是一位与年轻女性结婚的中年企业家。

然而，到最后，当听到与企业家住在一起的配偶是男性时，相信大家脑子发生了混乱。有些人就开始产生了疑问，两名男性怎么能够组成一个家庭呢？直到后来，大家的脑子才转过弯，该企业家自己是一名女性。

提出这个案例，主要是想让大家思考，为什么大多数人，在一开始的时候就认定吉田特种螺钉制作所的领导者是一名中年男性呢？在给出的所有信息中，没有一条能够确定这位领导者必须是男性。按道理来讲，应该有50%的人认为，这位企业家是一名女性。

然而，至今为止，在该实验中，认为这位企业家是女性的人极少（除了过去有过类似经历的人），只有区区5%。

如果在该实验中，公司的名称不叫吉田特种螺钉制作所，而是一家以英文命名的服装企业，那实验结果还会一样吗？也许很多人会从开始就认为这位企业家是女性了。后来出现的信息会进一步强化自己的这个判断，当最后一条信息出现时，也就没有什么人会大惊小怪了。

即使心里完全没有"歧视的意识"或者偏见，人们的大脑还是会自动进行主观臆断。

人们应当反复审视自己所做的决定，看其是否受到"无意识偏见"的影响，只有这样，才能更精准地把握问题的本质。

　　我们应当对自己的决定进行审视，看其是否受到了"无意识偏见"的影响。

案例 2 感情色彩：思维过程中的语言暗门

以下的文章是否正确？如果不正确，请陈述一下你的理由。

某项调查发现，近年来，在快速成长的企业当中，有90%的企业都在实施促进"创造力"的措施。

以下案例也可以说明，促进"创造力"的措施是企业成长的源泉。

对于以上这些话，很多人可能都会下意识地认为是正确的；然而，被我这么一问，可能又觉得应该有哪里不对。因此，有些可能会这样回答我：作为企业成长的源泉，光是实施促进"创造力"的举措是不够的。

这样的答案虽然并非错误，然而明显有逻辑上的漏洞。正确的答案应该是，如果不去调查那些成长缓慢的企业，那么就无法判断这篇文章是否正确。

如果在成长缓慢的企业当中，有90%同样实施了促进"创造力"的举措，那刚才的文章是否还正确呢？这样一来，你就会发现，是否实施了促进"创造力"的措施，同企业成长毫无关系。

如果在快速成长的企业当中，有90%的企业都实施了促进

"创造力"的措施；与此同时，在成长缓慢的企业当中，又有90%的企业都忽视了"创造力"的问题。如果得到这样的信息，那也许可以说创造力与企业成长存在相关关系。可是，为什么我们会莫名觉得刚才的文章是正确的呢？

那是由于"创造力"这个词本身带有积极向上的感觉。人们的大脑会无意识地把它与"成长"这种积极向上的状态联系起来。**大脑其实更加偏好有感情色彩的表达。**如果把"创造力"换成了"残忍性"，那么这种表达还能产生同样的关联吗？显然，人们会产生一种异样的感觉。大脑对于那些令人不舒服的表达，会自动产生抗拒反应，从而让人们带着怀疑的目光对其进行重新审视。

一旦大脑开始重新审视时，就会非常认真，这将大幅度提高人们做出正确判断的可能性。由于大脑不会带着怀疑的目光去看待那些带有感情色彩的表达，因此会受到欺骗。

> 每个人都是习惯塑造的动物，因此要注意审视自身的判断是否受到习惯的影响。人类的大脑更加偏好有感情色彩的表述。即使有些表达很容易直接获得认同，但所有人都该对此保持警惕，并检验大脑直接构建的关联性是否符合逻辑。

陷阱8　责任感缺失：所有人都很容易放弃思考

围绕着阻碍人们进行本质思考的因素，我已经进行了一些分析。显然，"思维惰性陷阱"最为常见，而能与之匹敌的只有"责任感缺失陷阱"了。

有些人其实从一开始就没觉得自己有责任去根本解决问题，这种情况属于"责任感缺失陷阱"。

显然，很多人对于把握问题的本质根本没有兴趣。他们对眼前出现的问题或者现象毫不在意，就跟与自己毫无关系一样。这类人认为，眼前的事情应付一下就行了。自己采取的行动会引起何种变化，该变化又是否与预期相符，这都不在他们考虑的范围之内。他们一开始就放弃了思考。与之前的种种陷阱相比，这个陷阱更具危害性。

很少有人会在每件事情上都掉入"责任感缺失陷阱"。一般只是对于特定的现象，他们会放弃思考。在陷入了这种状态时，他们其实是把"应付"这种方法当成了最本质的东西。

然而，方法其实依附于想要达成的目标，该目标远比方法更本质。掉入"责任感缺失陷阱"的人，往往只在意"做眼前的事情"与"做上级吩咐的事情"。这样一来，他们不但对所实施措施的预期结果毫无兴趣，而且因为没有自己的想法，所以只是依照"上级吩咐"行动。

可能你都认为，这个陷阱跟自己没任何关系。然而，真的是这样吗？

例如，交货日马上就到了，你在多重压力之下赶着制作相关资料。这个时候，上级还不停地对你指手画脚。为了脱离困境，你彻底放弃了自己的想法，完全按照上级的意思把资料总结了出来。你有过这样的经历吗？

另外，你是否观看过那些为了道歉而召开的记者招待会呢？记者招待会原本的目的是为了道歉，但有时候当事人说的尽是一些不合逻辑的辩白，结果惹怒了公众，引发了各界的声讨。

我从未在记者招待会上道歉，因此这只能说是我的一种推测。我认为，这些人可能把"召开记者招待会本身"当成了目的，至于招待会实际将产生的影响，他们似乎毫无思考。其实，当事人原本并不想召开记者招待会，只是迫于形势不得已而为之。当事人希望通过召开记者招待会的方式平息舆论压力，而这使得记者招待会本身成了目的。

急于摆脱眼前麻烦，这是人之常情。然而，如果当事人一味只是想摆脱眼前的困境，那么实际问题自然无法从根本上得到解决。

有想法，问题就有被彻底解决的希望。**如果根本不愿承认问题的存在，那就只能坐以待毙了。**

人们为什么不愿承认问题的存在呢？我认为，这一切都源于两种因素引起的恶性循环。

原因 1 失败恐惧：逃避会开启恶性循环

既往失败的惨痛经历，被上级严厉斥责的记忆，或者曾目睹过失败所造成的毁灭性影响，这些都使人们对于失败怀有极大的恐惧感。在日本，这一点表现得尤为明显。显然，日本的文化与制度对失败的人有些过于严厉了。

为了避免失败，这类人就会选择那些不需要自己负责的选项。于是，他们放弃了自身的思考能力，同时也摆脱了需要负担的责任。这种行为一旦形成习惯，他们的思考以及判断能力就会日益衰退。最终，他们只能完全按照上级命令办事。自然，这会导致公司降低对他们的评价，其薪资也不会增长。于是，他们更提不起干劲了，从而深陷恶性循环中。

原因 2 文化环境：行为模式是塑造出来的

如果一个人从小就被教导说要"按大人说的做"，而且其行为方式还受到了严格限制，那么，他就会认为按别人的命令行事是最正确的方式。工作后，如果上级一直强调"按我说的做"，那么他就会完全习惯这种行为模式。

如果这种不恰当的工作方式一直持续，长此以往，接受指示的人就彻底沦为了机器。他们丝毫不会关心，这项工作究竟会给组织或社会带来何种变化。这样一来，他们就很难保持对工作的热情。在家庭中也是一样，如果沟通"总是采用命令的方式"，那么肯定会引发严重的矛盾。

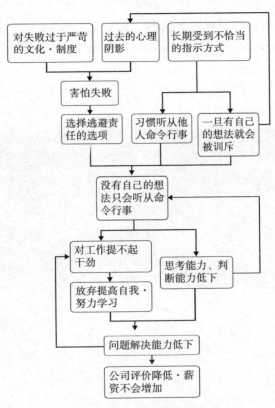

图2-4 "责任感"的恶性循环

为了避免陷入上面那样的恶性循环，从个人层面而言，人们必须形成一种习惯，那就是努力理解和阐明手头工作的重要性与意义，把它真正当作自己的事情。从文化、制度层面而言，人们应该尊重那些勇敢的失败者，并建立能够接受失败的组织文化和制度。

如果某组织所采取的措施都能顺利实施，所有的活动都能顺利开展，那很可能是由于该组织所有成员都处于舒适圈之内，没有人愿意挑战有难度的问题。其实，任何人、任何组织总会遭遇"失败"，只要能从"失败"中获得教训，个人与组织就能不断成长。

人们应该尊重那些勇敢的失败者，并建立能够接受失败的组织文化和制度。如果经常要求别人"按命令做就好"，就会剥夺对方的想法与思考机会。每个人都不应该采取"事不关己，高高挂起"的态度，而是应该把工作真正当作自己的事情来处理。

陷阱9 思维静态化：看不见时代进步产生的新机会

本书已经阐述了8种阻碍从根本上解决问题的陷阱，在这些陷阱之外还有一类"亚种"。

或许，不应该把它称作陷阱，但由于它会产生无谓的冗余成本，企业可能因此错过革新的机会，所以必须对这种境地保持警惕。

在本书前文中，我都是假定问题没有得到根本解决，然后按照其原因进行分类。**然而，有的时候，在新的情况下，过去所面临的问题其实很容易得到解决，而人们却毫无察觉，并继续在该问题上花费时间与精力，并持续承受巨大的压力。**

例如，虽然你希望从根本上解决问题，但一直没有如愿。随后你并没有定期跟进和确认情况，只是一味地采用对症疗法，基本采取了半放弃的态度。

前文中我已经屡次强调过，当今社会，事物正处于急速变化的形势中。即使个人没做出任何改变（虽然这点也不太可能），周围环境的变化也有可能让问题轻易解决。或许，当重新审视过去没法做的事情时，人们就会发现，如果运用现代技术，这些事情很容易就迎刃而解了。

案例 时间维度：要用发展的眼光看问题

我是某活动策划公司的一名职员。一年前，我从同行业的另一家公司跳槽到了现在所在的这家公司。

我现在的领导对于工作检查得很仔细，上家公司的领导可没有这么仔细。一般而言，在活动策划的初期阶段，有些问题并不需要太介意，然而该领导都会一一提出意见，并要求手下提交非常详细的企划书。为了满足该领导的要求，策划阶段往往长达数月。

当然，该领导也并非只针对我，为了满足其需求，其他同事制作企划书时也要花费相当长的时间。

和其他竞争对手相比，我们公司明显在活动策划上花费了过多时间，从而给客户添了不少麻烦。

一个月前，公司颁布了新的任命书，新领导很快就到位了。我们按以前的习惯，继续向新领导提交以往那种非常详细的企划书。当新领导看到我们提交的企划书这么详细时，他非常吃惊。不过，他暂时也不打算改变现行做法。他的态度很积极，并夸赞大家做得仔细。

不过，当策划方案通过后，在实际推进过程中，策划方案中那些细枝末节必须不断调整，而每次调整都必须召开变更策划方案的讨论会。

这样一来，策划阶段所花费的时间与精力就算完全白费了，而且还经常把客户弄得团团转。

前任领导之所以会异乎寻常地仔细检查，肯定有自己的理由。然而，新领导并没有要求策划方案一定要很详细。既然变换了领导，可以说根本问题很容易就能得以解决，然而谁都没有察觉到这个事实，所以大家都陷入了被动的境地。

在这个案例中，人员变动使过去的问题的根源不复存在了。其实，由于技术革新而使原问题得以自动解决的情况也有很多。例如，大量使用自动化程序，就能消除用手工作业时期的很多问题。

我们必须定期审视周边环境，不断去思考过去存在的问题，这样才能大幅缩减处理问题的成本。

> 我们应定期重新审视周边环境，因为在新的情况下，问题很可能可以轻易解决。

在本书第二部分，我阐述了阻碍从根本上解决问题的9种陷阱。这样一来，当人们无法从根本上解决问题时，就可以好好分辨一下，自己究竟是掉进了哪种陷阱之中。不明白病因，就胡乱开药，这可是非常危险的行为。在本书第三部分，我将介绍一下，从这些陷阱中脱身的方法。

第三部分　本质思考的方法

方法

　　明确各式各样的陷阱很重要，因为很多时候，人们往往是因为不清楚自己的真实处境，才找不到解决之道。一旦摆脱了"当局者迷"的困境，方法很容易就会清晰化。当然，问题的关键还是运用这些方法的意愿，有的时候越简单的方法，往往才是越有效的。

通过第二部分的学习，人们可能已经可以分清，在无法从根本上解决问题时，自己所处的陷阱。在这一部分，我将提供从这些陷阱中脱身的策略。这些策略并不是具体的应对方法，而是找到应对方法的思维方式。

不过需要注意，世上没有万能药。对别人有效的方法，对自己不见得一定有效。**在"对别人有效的东西＝方法"这个等式中，其实包含有更本质性的东西。把握了这些更本质性的东西，同时结合自身的状况与特质，这样才能选择最合适的方法。**另外，即使有些方法确实适用于大多数人，但也并非就一定适合你自己。在本书开篇，我就曾经提醒大家要注意，不要"只追求答案本身"，"以往的答案"能够再次适用的情况极其有限。

在这部分内容中，我会给出一些案例，希望大家能够去揣摩其中的思维方式，并在此基础上思考出最适合自己的应对方法。

方法1 格式化：重新构建底层逻辑的模型和框架

一旦陷入"思维惰性陷阱"，人们就会在没有理解问题本质的情况下，试图解决问题，或者说，在没有理解真正目标的情况下，就盲目行动。显然，在这种情况下，不可能从根本上解决问题或采取有意义的行动。

明明在努力采取措施，然而却毫无效果。这个时候，人们应该先停下来重新思考一下："现在到底面临什么样的问题，为什么它会成为问题？"当瞄错了靶子时，花再多的时间，下再多的功夫，都不会奏效。

如果陷入了"思维惰性陷阱"，那么最好的办法是从零开始重新思考问题。

不管是"常识""权威"，还是自己"过去的成功经历"，一切都归零，彻底割断这些东西与自己所面临的问题的关联。清理完这些过滤层，人们才能对问题进行最直接、最本质的观察和思考。在这个基础上，人们才能对问题的背景或者前提条件进行整理，并明确自己要采取的行动与措施。

有时候，让与该问题不相干的人士参与进来，并提一些问题，说不定会让你产生新的启示。在某个问题上过于纠结，人们可能会陷入某个思维死循环，始终跳不出来，或者会再加入各种不必要的要素，从而使问题变得异常复杂，这都会使得在根本解决问题的路径上南辕北辙。另一方面，局外人不存在上述的障碍，因此反而能接触到问题的核心。

另外，所有的判断都是基于特定的信息，因此人们必须要客观地重新审视这些信息，否则就容易出现偏差或受到误导。**这些信息到底是事实，还是意见？信息发送人传递这些信息是否存在特定目的？这些问题都必须加以思考。**

客观地重新考虑现有信息，尽量根据事实，从零开始重新对问题进行审视，只有这样人们才能知道自己是否陷入了"思维惰性陷阱"，并想办法从陷阱中脱身。

如果陷入了"思维惰性陷阱"，那么最好的办法是从零开始重新思考问题。

尝试把"常识""权威"以及自己"过去的成功经历"放到一边。

让局外人参与进来，并提一些问题。

重新客观地对现有信息进行审视。

化整为零，从头开始，表面上这是在走弯路，但有时这其实是最实际的方法。

方法2 剥离：清理问题背后的利害关系

目标是对于现实的某种规划。人们通过自身努力，催生现实不断变化，从而使得现实能够成为规划中的样子。显然，现实是人们所有努力的依托，也是检验规划是否如期达成的试金石。

无论人们对于目标的意义理解得多深刻，他都必须脚踏实地，从现实出发。要想真切地把握现状，人们就需要借助各式各样的信息。正确理解这些信息，人们才清楚现实与目标之间的差距，并通过不断地修正措施，逐渐缩小这种差距。

对于现状的信息而言，无论它们会让自己觉得有多么不舒服，你都必须接受。漠视现状，目标就会丧失根基，成为可望不可即的空中楼阁。不管这些信息是否与自己的怠慢或工作失误有关，人们都没有必要采取防御性的姿态。说到底，这类信息只是展示现状的一个要素而已。因此，人们必须尝试站在局外人的角度上，冷静地对这些信息进行审视。通过隔离自己，从旁观者的角度审视，而不是从利己的角度辩护，你就无法用搪塞与敷衍之辞来保护自己，而直击本质的锐见则穿透阴霾，洞若观火。

切记，决策所基于的"事实"一定要是客观的、全面的，而不是被断章取义截取出来的"事实"碎片。另外，在处理信息时，一定要注意区别"事实"与"意见"，这点我在前文也提到过。如果是一些"意见性"的信息，那人们要先思考为什么会出现这种意见，然后再对其进行处理。

对于所获得的信息，包括计划与实际成果之间存在差异的相关信息，即使听起来不那么让人舒服，人们也必须接受事实，并站在局外人的角度上仔细思考这些信息的含义。

方法3 反复溯因：层层剥开问题的核心

由于对问题的根本原因分析得不充分（RCA），往往使得人们把思考的重心放在了问题的现象上，或者说把问题的表面原因当成了问题的根本原因，并对此采取措施。这样一来，表面上，问题看起来获得了解决，然而很快它又会再次出现。也就是说，这只是"头痛医头，脚痛医脚"。

在使用RCA进行分析的时候，会反复使用追问原因的手法，这时候人们需要注意正确地使用语言。

换而言之，在使用语言时，不能省略主语、谓语、宾语，不能模棱两可，要使用精准的表达方式。

例如，"年轻员工离职率高"是现在很严重的问题，它让很多公司的人事部万分头疼。这时，如果直接把"年轻员工离职率高"当作需要解决的问题来分析，其实并不合适。

首先，不同的人对"年轻员工"的定义并不一样，而"离职率"这个概念的定义也需要廓清。另外，还必须明确规定到底什么程度才算离职率"高"。

比如说，其实可以这样设定问题，"入职不满三年的员工离职率（离职率的定义另作规定）高达20%，我们的目标是将其控制在10%以下"。当然，必须说明为何将目标定为"10%"。

另外，还要仔细挖掘"入职不满三年的员工离职率高达20%"的原因，为什么员工会离职？所有人都要进行深入的思考。

比如说，离职原因基本分为三类：1.自身想要离职；2.公司辞退；3.公司与本人都不希望离职，因其他万不得已的原因离职。

进一步来说，如果是自身想要离职，也可分为两种情况：积极原因的离职（跳槽、创业或留学等等）与消极原因的离职。至于消极原因的离职就可能是出于各种不同理由，例如发生了员工完全无法接受的事情，或者员工进公司时被告知的工作与实际工作有较大出入。

再进一步来看，员工完全无法接受的问题也可分为各种各样的情况：与上级或同事人际关系的问题；工作环境极其恶劣的问题；无法平衡工作与生活的问题；在员工已经不信任公司的情况下，公司继续提出不近人情的工作要求……

之后，就应该换个思考这些问题产生的原因。比如说，如果是人际关系问题，那就应该考虑，员工与其上级或周围同事都存在一定的问题。这既可能是员工自身抗压能力的问题，也可能是其人际交往能力的问题。另外，员工上级的沟通能力或指导方法可能也存在一些问题。

显然，对于问题的分析不能到这里就结束了，千万别草草下结论："员工自身抗压能力与人际交往能力存在问题，没有解决办法。"同样，也不能直接说："员工的上级的沟通能力不高，指导方法不对，没有解决办法。"

    ·那公司为什么要雇用抗压能力差的新进员工？

    ·人际交往能力不高的原因又是什么？

    ·上司指导方法不对，问题又出在哪里呢？

    以上问题，必须要一一进行研究讨论，我不建议大家将原因归结到个人身上。正如我在第一部分中提到过的，如果将问题归结为个人原因，那么人们就无法采取正确的对策。

    所有人都应该反复追寻原因，直到总是出现同一个理由。很多时候，找不到根本原因，完全是因为没有刨根问底。

    彻底进行根本原因分析（RCA）。

    我们在进行RCA的时候，必须正确使用主语、谓语、宾语，注意使用精准的表达方式。

    反复追问原因（至少重复5次以上）。

方法4　越界：全视角、全方位地构想方法

掌握了问题的本质；正确地理解了现状，同时也清楚计划与实际成果之间所存在的差异；在经过RCA分析之后，我们还找到了问题产生的根本原因。当以上人们顺利绕过了以上陷阱后，他们往往在选择方法时，掉进了"局限陷阱"。一旦掉入了这个陷阱，往往就会在白白浪费成本后，所有事情都从头做起。

因此，应当从不同侧面、不同视角去考虑方法。**我建议大家在选择方法的时候一定要运用两个原则。**

·做决策时，你不但要站在自己立场上，还要站在自己的上级（或者说拥有更多权限和决定权的人）的立场上去思考：如果由他们来解决这个问题，他们会怎么做？同时，你也要参考专家的意见。

·不但要根据现状做决策，你也应放眼于更长远一点儿的未来。另外，除了功能要求以外，我们还应该考虑到其他非功能要求（可靠性、可维护性、性能、安全等）。

切记，一定要避免独自一人做决策，对于选择正确的方法而言，这一点非常重要。

考虑问题时，你都应该设想一下，如果拥有更多权限的人面对这个问题，他会怎么去做决策。

　　参考专家的意见很有必要。

　　你必须要对非功能要求或与将来有关的其他要求进行确认。

方法5　刷新：反复核验和预判形势变化

不管在把握问题的本质、寻找解决方法方面，你做得多么完美，如果最后没有确认结果，那你就掉入了"孤立陷阱"。

基本上，只要实施了解决问题的方法，多少都会有一些效果显现，但是这并不能代表完全解决了问题。另外，有的时候，原问题虽然得到了部分解决，但同时又产生了其他新问题。

应对方法十分简单，就是及时确认现状。即使确认晚了，也比完全不确认好得多。

在采取措施之后，如果已经过了一段时间，那么你在确认措施结果的同时，其实也是在进行现状确认。不管怎样，你必须不时地对问题重新思考，因为一段时间过去之后，问题本身可能已发生了变化。

在"项目管理的基本周期"图中，把握"实际成果"指的就是把握现状。如果能把握好"计划"与"实际成果"，你就能发现两者之间的差距。通过分析这种差距产生的原因，你就能确定对策或措施。

另外，在采取某种对策或措施之后，你必须检查其是否达到了预期效果。如果效果不太明显，你就必须再次确认预期效果与实际成果之间有多大差距，讨论下一步的对策与措施。只有一次次启动这个循环，才能从根本上解决问题。

　　采取某种行动之后，你必须对其实施情况进行确认。如果不能正确把握现状，你就无法准确解决问题。

　　在采取某项措施后，情况可能会发生新的变化，之前的解决方案可能不再是最优选项。你必须在确认现状之后，再考虑下一步措施。

方法6 内省：平复情绪波动，避免冲动决策

人类很难避免出现情绪波动，重要的是，不能让情绪波动带来负面影响。要想完全消除情绪波动十分困难，但是你可以将情绪波动带来的负面影响尽可能减小。通常，按照如下四个步骤，你就能大幅度降低情绪波动对决策的负面影响。

步骤1 发现自己处于不冷静的状态

步骤2 发现自己处于不冷静状态，不要作任何决策

步骤3 让自己冷静下来

步骤4 检查自己是否已经处于冷静状态

在不冷静的状态下，人们做出的决策虽然并不一定是错误的，但极有可能存在偏颇。另外，在此情况下，人们很可能受感情驱使，而误判问题的本质。因此，我建议，千万不能在情绪剧烈波动的时候，做出特别重要的决策。

因此，首先要确定自己是否处于冷静状态，这十分重要。如果平时你就有意识地培养自我感觉，不断学着分辨自己所处的情绪状态，那么就很容易判断自己当时是否不冷静。其实，不断自问现在的自己是否冷静，这种行为本身也能抑制情绪

波动。

比较麻烦的是，明明并没有冷静下来，却误以为自己已经冷静，并做出决策，这种情况会带来严重问题。因此，这种时候，每个人最好问问身边人（特别是平日与自己交往密切的人士），他们是否觉得你处于冷静的状态。

首先，每个人要有分辨自己是否处于冷静状态的意识。如果发现自己并不冷静，就应该采取下一步，"让自己冷静下来"。这句话说起来简单做起来难。怒火难收，失意难平，悲伤难抑，情绪波动往往难以控制。

世上没有对所有人都有效的良方，有的人觉得效果显著的方法，可能有的人却觉得毫无效果。在这里我想介绍一下自己使用的方法。

总的来说，我算是一个血气方刚的人。同时，我还有些敏感，经常会因为一些小事情而难过，可能这一点会让很多朋友感到意外。

不过，我很快就能从这种状态中恢复过来。因为我使用了自己一直提倡的"幸福思维"这种思维方式。

在判断事物的时候，首先要以自身的幸福以及对自身十分重要的人的幸福为标准，这种思维方式就是"幸福思维"。另外，你要清楚地知道，只有你能决定自身幸福与否，同时你也应该明白，自己在感到幸福时究竟处于一种什么状态。这些都是"幸福思维"的组成部分。

在怒火中烧或灰心丧气时，我总是这样询问自己："现在的你好像正被愤怒（或者是悲伤，灰心丧气）的情绪支配。你现在这种状态能算幸福么？继续沉浸在这种状态中也好，脱离这种状态也好，都是你自己的选择，自己想想应该怎么做吧！"

谁都希望一直保持心情愉快，而当被愤怒、悲伤、灰心丧气的情绪支配的时候，人们就与这种理想状态相距甚远。因此，通过自我询问后，我会幡然醒悟，做出更接近理想状态的选择。

同时，通过这样的自我询问，还可以给自己打气：自己要努力摆脱这种状态。有时候，你会觉得"事已至此，我也毫无办法"，但其实正是因为你没有采取任何行动，才变成现在这个样子。因此，其实你已经选择了不作为，然而自身却毫无察觉。

另外，**通过客观观察自己，你就能将愤怒、悲伤、灰心丧气的情绪从自身剥离**。当情绪与人自身紧紧绑在一起时，它就会变得很难控制。然而，通过客观观察自己，你就能将其剥离出来，并加以控制。

显然，最重要的就是捕捉到"我正被愤怒的情绪支配"这个信息。你的目的是客观地观察自己，因此不需要分析其原因，也不需要对其进行解释或赋予意义。**切记，你的首要目的在于通过客观观察自身的情绪状态，摆脱剧烈的情绪波动，不被感情所左右。**

> 我们要启动"幸福思维"模式，通过客观观察自身的状态，将情绪从自身剥离。当情绪与人自身紧紧绑在一起时，你是很难保持冷静的。当将情绪从自身剥离后，你可以更容易地控制自己。
>
> 你必须要有意识地做出脱离困境的决定。

当恢复了冷静后，如果心里还有些疑惑，我建议大家可以进一步向自己提问。

接下来，你可以问自己："为了摆脱这种状态，我是不是该考虑一下，自己为什么会变成这副样子？"

愤怒或灰心丧气的诱发原因经常都是一些小事情。就像分析根本原因时一样，如果不断刨根问底，你就会找到每一次愤怒或灰心丧气的原因。其实，很多时候，你会诧异，自己怎么会为芝麻大点儿的小事情就失去了冷静。如果能分析出自己丧失冷静的规律，你就会弄明白每一次情绪波动后面的原因。

人很少因为单个事件就达到愤怒的沸点。事实是，由于压力日积月累，每个人如果已经处于临近沸点的状态，那么仅仅一点儿小事就可能让我们一下子怒火冲天。让情绪达到沸点的导火索，并不会让我们真的一下子就从0摄氏度状态变成100摄氏度的状态。

如果平常压力过大，你其实就一直处于焦躁状态——假设是80摄氏度，那么再增加20摄氏度，你的情绪就会达到沸点。然而，如果平日没有压力——比如在20摄氏度的状态生活，那么即使发生同样的事情，你的情绪顶多也就会上升到40摄氏度的状态。

换而言之，通过冷静观察，你就会发现，其实让自己怒发冲冠的导火索往往不是大事。另外，通过进一步思考，这些导致你彻底愤怒的"小事情"为何发生，就能抑制你的情绪波动。不要只看到眼前的现象，而要留意其背后原因。一旦你开始思考，你的注意力就会从自身情绪转移到其他地方，情绪波动也逐渐平息。这样一来，说不定你会发现，是误解或错觉造成了自己的情绪波动。

同时，只有弄明白了自己情绪波动的原因，你才好采取相应的对策。

已经发生的事情显然无法改变了。然而，是继续受其负面影响，还是彻底摆脱过去的阴影，通过自己的思考与行动，你就能做出选择。与其在无法改变的事情上浪费精力，还不如把注意力投向那些能够改变的事情之上，这难道不是理所当然的吗？

你要遵循的最后一个步骤是"检查自己是否已经处于冷静状态"。这其实是第一个步骤的反面，如果确认自己已经冷静下来，那此时，你就能够去思考重要的决策了。

我介绍的这个方法只是我自己的做法，是否适用于你，不得而知。不过，我希望大家记住一些原则，在此基础上摸索出最适合自己的方法。

方法7 双层思考：在思考问题的同时查验 "思考"

"偏见陷阱"引起的问题，稍不留意就会出现，所以想要事先预防非常困难。可是，**如果能了解大脑有些什么样的运作习惯，那在做决策时，你就可以判断自己是否受其影响。**

另外，人脑更加偏好带有感情色彩的故事或描写。有些东西，如果重新查看，你可能会发现其逻辑漏洞，但如果没有这种意识，一不留神你就会全盘接受。另外，正如我在本书第二部分中的分析，人的大脑存在一种机制，会自动将积极向上的表达方式联系在一起，也同样会将负面的表达方式联系在一起。

同时，在带有感情色彩的故事或描写面前，大脑往往会忽略总体数量或概率大小，有的不怀好意的人会利用大脑的这个特性进行信息操纵。

除了我介绍过的"无意识偏见"与"偏见陷阱"之外，行为经济学其实还探讨了其他各式各样的偏见。对此我们应积极地了解一下，这样才能知道自己是否受到某些偏见的影响，并做出了错误的决策。

想回避"偏见陷阱"其实是十分困难的。

当然，如果能了解大脑有些什么样的习惯，那即使已经掉入该陷阱当中，你还是能够判断自己会产生哪种倾向。这样一来，你就可以重新审视自己做出的决策。

方法8 对比分析：深度挖掘缺乏责任感的原因

我相信，本书的读者是不会轻易掉入"责任感缺失陷阱"的。因为大家只有平日勤于思考问题，才会拿起本书。

不过，这并不是说，对于特定的事情，你不会染上"责任感缺失陷阱"。如果眼前面临的问题非常严重、非常棘手，那你通常就无暇顾及该问题之外的事情了。如果眼前面临的问题真的非常重要，确实值得优先处理，那其他事情你可以暂且不管。

不过，其实很多时候，在没有特大问题需要优先处理的情况下，对某些特定的事情，人们通常缺乏责任意识，只是按吩咐去做，这种情况我觉得有改善的余地。如果只考虑怎么处理眼前的事情，或不思考行为目的，只按吩咐去做，那么事情确实也能得到"处理"，然而你从中学不到任何经验教训，也体会不到工作的乐趣与完成工作时的成就感。

如果只有对特定的事情会表现出"责任感缺失"，那么这些人一定有特殊的理由。同时，他们本人肯定也觉得"不能继续这样下去"。这时候，**老老实实地进行根本原因分析会最有效果**。不要说"不知道为什么，就是产生不了责任心"就草草了事，人们应该深入挖掘为什么会产生这种现象。

如果对任何事情都是一副事不关己、高高挂起的态度，那只能说明这些人对于所从事的工作不感兴趣，并想从中逃离。对这些人来说，根本原因分析并不适用。根本原因分析的方法，只适用于因为特殊理由掉进"责任感缺失陷阱"的人。

如果你有下属对任何事情都持"事不关己、高高挂起"的态度，那将是非常棘手的问题。

在此我想稍微介绍一下应对方法。首先必须注意，该下属究竟是不是真的对"任何事情"都持这种态度。

我经常听到有人抱怨说，自己手下的新员工，叫干什么就干什么，从来不会自己思考主动行动。面对这种情况，可以认为，该新员工至少在工作场合已经掉入了"责任感缺失陷阱"。不过，不能过早认为，该员工在"任何事情"上都出现了"责任感缺失"的症状。该员工可能只是对正式的工作场合缺乏责任心，在其他场合却很积极。如果武断地判定，他对"任何事情"都缺乏责任心，那么就等于说该新员工完全"无可救药"。一旦给新员工贴上这种标签，很可能就会让其完全丧失工作热情，并破坏上下级之间的信任。你应该大致确认这个问题。

大部分情况下，新员工往往都只在"正式的工作场合"表现出"责任感缺失"的症状。除此之外的场合，他可能并不是这样的。换言之，**关键在于，你要知晓此人在正常状态下的表现**。然后，你就能进行对比，到底这个新员工在"责任感缺失症"发作时更幸福，还是在痊愈时更幸福。

　　我想没有几个人愿意活得不幸福，那么该新员工为何选择这份并不能给自己带来幸福感的工作呢？我们需要去揭开谜底。

　　为什么有的人在职场上缺乏责任心，只会简单地按吩咐行动？接下来我会举例进行说明，不过，请大家注意，案例总归是案例，由于每个人的价值观和所面临情况的不同，所以与你自己面临的实际状况总会有所差别。

　　我的假设是，对这类人来说，工作并不重要，他们不愿在工作上消耗过多精力，从而让自己疲惫不堪，因此他们就会采取"按命令去做就好"这一行为模式。

　　另外，人们过去的某些痛苦经历也可能导致了这种行为模式的产生。**可能在过去，他们本想自主思考，积极行动，然而却因此受到斥责，被人否定。这样一来，他们就习惯了"不去多想，按命令行事"的行为模式。**

　　其实，想知道"我们为何采取行动"并不是"想太多了"，这明明是我们必须理解的事情。

　　如果小时候被父母训斥说："按我说的做！"在学校被老师教育道："怎么不听老师的话呢？"进入公司后，上司不断斥责说："不要多想，按我的命令去办就好！"长此以往，人们就会认为"按命令去做就行，没有命令不能做"，进而陷入固定的行为模式中。

捣碎父亲的烟草

下面我想换个话题，说一个自己幼儿园时期的故事。要说这个故事的话，必须提到我的父亲，他现在已经去世了，请允许我稍稍作一下介绍。

我的父亲虽然在日本公司工作，但他思想先进，对教育特别热心。很早就开始教育我说"不能只局限于考虑日本的问题"。大学毕业后，我进了一家国际咨询管理公司。尽管当时这家公司在日本不是很出名，但父亲还是为我高兴。

不过，另一方面，父亲也像一般的"昭和老头子"一样，有着冥顽不灵的一面，喜欢拿拳头说话。尤其当我不老实、不诚实的时候，父亲就会狠狠地教训我。我又是长男，所以感觉父亲对我特别严厉。小时候的我对父亲既尊敬又害怕。

可以说，父亲的培养，学校的学习，再加上埃森哲的经历，所有这些加在一起塑造了我这个人。

我的母亲呢，总是跟在父亲身后，一副"慈母"的样子，特别温柔。然而随着岁月增长，当我也为人父的时候才发现，母亲身上总是带着一股不可思议的魔力与坚韧，这既让我吃惊又让我钦佩。

那接下来就是我幼儿园的故事了。那时候电视上经常播放吸烟有害健康的公益广告。

在电视画面上，人们会对照吸烟人士的肺部与非吸烟人士肺部的模型。我虽然是个小孩子，但看了电视后，还是受到了非常强烈的冲击，知道了"吸烟有害身体健康"。

父亲当时是一个重度吸烟者，每天要吸5包，也就是100

根烟。因此，我的婴儿床旁边总是烟雾缭绕，周围还充斥着嘈杂的麻将声。至于后来我为什么变得喜欢麻将却厌恶烟草，那就是个谜了。

闲话少说，先回到故事上来。当时的我在读幼儿园，因为觉得"爸爸在做有害于身体健康的事情"，所以制订了一个小小的"作战计划"。

我跑到父亲保存烟草的储物间，拿起妈妈的裁缝剪刀，将整整一条烟全给捣碎了。因为我当时还是一个幼儿园的小朋友，所以我当时的想法是，爸爸吸烟没错，错的是烟草。

结果，父亲震怒，狠狠地揍了我一顿，他以为这仅仅是一个恶作剧。

当时，我笨拙地说，吸烟有害身体健康，然而父亲大概觉得我只是在找借口。另外，我不想道歉的样子说不定还进一步激怒了父亲。

那个时候的我，做了坏事就已经做好被打骂的准备，我也不认为父亲会因此讨厌我。只是，无法让父亲明白我的心意，我觉得自己很委屈。

过了不久，我再一次实施了"作战计划"。在父亲看来，前不久才教训过的儿子怎么又做出同样的事情，这不得不引起他的思考。"儿子脑子是不是有问题？不对，说不定他真是想让我戒烟"。

父亲得知了我想让他戒烟的行动计划后，这样说道："上次揍了你对不住，烟，爸爸一定戒。"

在此之后，父亲基本上就完全戒烟了。严格说来应该是先戒了卷烟，后来又抽了一阵烟斗，最后再也不抽烟了。

也许我的"作战计划"只是一个契机，当时父亲可能也正在考虑戒烟的事情，但不管怎样，在我心中，是我的行动促成了父亲戒烟。

如果当时父亲再次教训我说"小孩子不要管闲事，给我老老实实地待着"，那我可能就会真的认为"自己担心父母健康是在管闲事"。

父亲当时还对我认真进行了教育，"破坏有价值的事物的行为，并不是一种正确的处理方式"。另外，父亲还向我解释，烟草本身并没有错，错的是吸烟的人。

既然父亲同意戒烟，我当时马上就接受了所有这一切。现在想来，当时即使我不去捣碎烟草，如果能好好向父亲传达我的想法，父亲也能听进去。千万别轻易否定"好心办坏事"，那一刻，这句话深深地印在了我的心底。

"责任心"的副作用极大，而且影响深远。如果发现自己染上了"事不关己综合征"，那么你必须做出努力，争取及早脱身。

方法9 定期升级：根据全新环境重新审视问题

如果感觉自己掉入了该陷阱中，那么问题其实已经获得了解决，所以我们的应对方法与其他陷阱的应对方法不太一样，这时候最重要的是你对问题的认识方式。

为了避免掉入这个陷阱，你最好定期对自身的情况与周围的情况进行检查。即使我们自己没有任何变化，但周围环境的改变可能已经解决了问题，或者使问题自身发生了蜕变。我们无法确保过去的对策到现在仍是最优选项。

那些一直在实施的措施，到底出于什么目的，为了解决什么问题，现在又花了多少成本（不光是金钱成本，还包括时间成本以及心理负担上的成本），你都要重新进行审视。

特别是在那些急剧变化的领域，例如信息技术及其周边相关领域的人士，我建议大家务必要定期对问题进行重新审视，思考新的变化会给自己领域带来什么样的影响，并参考国际上的做法，或是参考其他公司、其他行业的一些做法。

以防万一，我再强调一点，我这里所说的"参考"并不是指全盘照搬其他公司或其他行业的做法。全盘照搬的做法其实完全就是掉入了"思维惰性陷阱"。

另外，思考其他公司或其他行业的做法为什么跟自己公司不一样，这对摆脱第9类陷阱也很有帮助。

> 定期检查自身的情况与周围的情况。
>
> 即使我们自己没有任何变化，但周围环境的改变可能已经解决了问题，或者说问题自身发生了蜕变。

第四部分　本质思考的训练

训练

　　具备良好的习惯，懂得各式各样的陷阱及跳出这些陷阱的方法，人们就走上了迈向本质的正途。然而，要想更高效地把握事物的本质，人们还需要具备一些能力。当然，这些能力都是可以通过不断训练而培养起来的。只要每个人愿意努力，那么他就能"快、准、狠"地抓住本质，进而成为解决棘手问题的高手。

到这里呢，我阐述了妨碍问题得到根本解决的种种陷阱，也提供了如何从这些陷阱中脱身的逃生术。

那么接下来，我想介绍一些训练，锻炼大家躲避陷阱的能力。由于篇幅关系，我在这里介绍的案例有限，希望大家理解其中的思维方式，根据自身需要灵活使用。

假设力：尽可能涵盖所有的可能方案

我们在本书第二部分中介绍了"思维惰性"的不同模式，但它们的共同点在于都跳过了"自己思考"这个过程。因此，我想为大家介绍一种训练来躲避"思维惰性"的陷阱。

很多人不用自己的大脑仔细思考问题的本质、行为的目的，只是一味顺从世间法则，或是套用以往的经验，妄加判断。

那为什么大家会跳过自己思考这个过程呢？原因多种多样，我认为其中最主要的原因是，**大家倾向于只追求答案本身，同时缺乏善于提出假设的能力**。

关于"只追求答案本身"的倾向，我在本书第二部分中曾经谈到过，在此不再赘述。这里我主要想谈谈缺乏"**善于提出假设的能力**"的问题。

在面对万事万物的时候，人们会根据事情的本质来衡量其重要程度。对于重要的事情，我们当然应该投入精力，而对于不重要的事情，我们就没必要费功夫。

如果事情进展顺利的话，会给自己带来什么好处，如果事情进展不顺利的话，又会带来什么弊端，对这两者进行思考，就能判断这件事情到底重要与否。这种思考能力，在本书中，我想把它称为"善于提出假设的能力"。

　　一件事情，如果进展顺利的结果与进展不顺利的结果之间落差越大，那么越值得我们认真思考。

　　思维的惰性会让我们更喜欢夸大事情进展不顺利时带来的危害与损失，而看轻事情进展顺利时带来的利益和好处。

　　因此，对一件事情进展顺利的结果（最佳情况）与进展不顺利的结果（最坏情况）进行设想的能力就变得十分重要。一般来说，人们对最佳情况的假设都不会好过真实的最佳情况，而我们对最坏情况的假设也都不会坏过真实的最坏情况，善于提出假设能让人们进行认真的思考，而思考的结果，能让自己更容易做出判断，究竟哪些是最接近真实的最佳情况与最坏情况。

　　最理想的是，我们能做出所有可能的假设，考虑到所有的最佳情况与最坏情况。然而，现实中，这一点往往无法实现。

　　首先，从思考最佳情况与最坏情况的阶段开始。对于某一件事，如果预想中的最佳情况与最坏情况并没有什么区别——无论事情进展顺利与否都没有差别，那么就可能认为，它没有思考的价值。另外，有的时候，我们往往只考虑了最佳情况或者最坏情况（大多场合人们只考虑了最佳情况）。由于我们有时候只考虑了最佳情况，所以感受不到它与最坏情况的差别。这样一来，我们会觉得自己思考好像也意义不大，还白白浪费了思考成本，因此就会跳过自己思考这一步骤。这也就是俗称的"觉得麻烦"的一种状态。

假设范围的大小，能让我们考虑是否要进行"认真思考"。
如果能够假设的范围越大，那我们越会认为必须认真进行
思考。
如果我们缺乏善于假设的能力，假设范围就会变得十分狭
窄，我们自己也会觉得"即使思考也没有意义"。

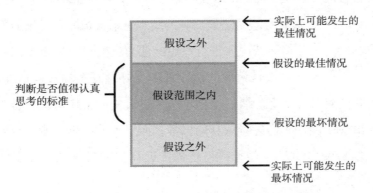

图4-1 "缺乏善于假设的能力"导致了"惰性思维"

如果人们没有意识到这一点，那么这些判断都会在一瞬间
完成。在完成了判断之后，本来应该思考的问题，大脑也会放
弃思考，从而有可能引起重大失误。

在处理事情的时候，我们最好稍微多花一点儿时间，只要
能意识到事情发展的最佳情况与最坏情况，事情就会发生戏剧
性的变化。

如果能从长远的角度来思考某件事情的最佳情况与最坏情
况，那当然最理想不过了。其实，哪怕我们只多想一步，事情
也会发生许多变化。

换而言之，**我们应该把眼光放得长远一些，不要只盯着**

"今天"，也要考虑未来可能出现的变化。

有的东西从短期来看只是成本支出，但从长远来看可能变成了先期投资。如果我们能把眼光放长远，从今天看到未来，那我们的决策也会发生巨大变化。

情景 1　寻找极限：喝咖啡的最佳情况与最坏情况

你喜欢一边工作，一边喝咖啡。因此，你想在工位上放一个咖啡杯，这就能满满地倒上一杯咖啡。

那这个例子中，最佳情况就是你能一边专心工作，一边开心地喝咖啡。也许，这样的搭配还能保证工作进展得特别顺利。

另一方面，最坏情况又是什么呢？咖啡还没喝就洒了一桌，弄坏了电脑不说，连重要的资料也全被咖啡弄脏了。被咖啡烫伤同事，地板下的电源设备因为洒上了咖啡而使得全楼层停电……这些都是可以假设的情况。

弄坏了电脑，你就没法继续工作了，可能还需要进行赔偿，甚至有可能因此丢失重要数据。另外，如果咖啡弄脏了重要资料，最严重的情况是无法签订合同，这会带来重大损失。

因此，不要说"我只是洒了咖啡"，光考虑这点不够，我们必须考虑到接下来的事情，这样一来你的行动也会发生改变。在这个例子中，你可能就会选择不在工位上喝咖啡，或者说喝咖啡的时候收好电脑与重要资料，并确认周边是否有电源相关设备。

情景 2　最优选择：计算每种可能性的得失

　　假设第二天有一场重要会议，你要在会上发表演讲，演讲内容涉及数亿金额的项目。那怎样到达会场呢？我们有多种方案。坐电车去最高效可行，我们可以将其列为首要方案。然而，万一电车延迟或者停运，我们又应该采取何种措施？我想请大家开动脑筋思考一下。

　　这个案例中，最坏情况是没有赶上重要会议，错过了价值数亿的项目的机会。当然如果一切都非常顺利，这就是最经济的路线。如果选第二好的方案，虽然会花费一定的交通成本，但能保证顺利抵达会场。如果选择出租车或公交车，要注意必须确认道路交通状况。

　　在比较了最佳情况与最坏情况之后，是不是会觉得，还是应该早点儿出门以防万一，或想好备选路线比较明智呢？

　　　　缺乏提出假设的能力，这是使得人们掉入"思维惰性陷阱"的原因之一。

　　　　开动自己假设的能力，就能让我们重新认识到"思考的价值"。

　　　　在问题面前，应花少许时间想一下其最佳情况与最坏情况。同时，对事物发展要有预见性。

逆向思考力：从未来可能的失败倒推

在并未进行深入思考的情况下，很多人喜欢把过去的成功经历、其他公司的成功事例，抑或世间所谓的"常识"，套用在自己公司上面，结果造成了很多错误。

自己当初为什么使用那种方法获得了成功，其他公司又是为什么使用那种方法取得了良好效果，世间"常识"又是为什么会变成了常识？本来，人们应该在深入分析之后再采用合适的方法去解决问题。

世上没有万能的解决方案。有的解决方案只是在一定条件下才能见效，但如果满足不了条件要求，那该解决方案就不会奏效。很多时候，照搬其他公司的做法往往麻烦不断，这是因为解决方案需要满足一定的条件。其他公司能够满足的条件，自己公司并不一定能够满足，因为每家公司的聘用标准、员工研修项目、企业文化各不相同。

我这样一解释大家都能够理解，然而在现实生活中，人们经常会机械地选择解决方案。这又是为什么呢？

究其原因，是因为我们以为自己选择的解决方案一定会行之有效。为了避免这种情况，大家平时应该注意养成一种习惯，**主动思考什么样的情况下自己选择的解决方案会失效（或者是**

进行反向思考）。

如果能充分意识到，自己选择的解决方案在某种情况下会失效，那么就能避免机械套用解决方案的问题。除了商业领域以外，很多地方也适用这个原则。

打个比方，你走在街上，发现有条道路交通流量明明很少，却安装了信号灯。这时候，你就应该思考："这里为什么会有信号灯，在什么样的情况下这里需要信号灯呢？"

人们机械地选择解决方案另外还有一个原因，那就是对自己不够自信。在日本人当中，这种倾向特别常见。

现在是一个多元化的时代，全体一致同意反而不合常理。大家的立场多种多样，每个人之间也存在着不同的利害关系，如果所有人都是同一个意见，那这个决策过程肯定不合理。另外，"因为大家都赞同，所以我也跟着赞同"的做法也很有问题。

情景 1 比较：通勤线路的确定

可以试着思考一下，究竟在什么样的情况下，我们每天的通勤路线会变成低效选择？

比方说，上下班的路线或时间段，电车越来越挤，乘坐 30 分钟以上会急剧消耗体力，导致自己无法工作；电车延迟已成常态，不按时刻表运行，你无法估计其到站时间；周围治安急剧恶化，你冒着生命危险才能乘坐电车。各种情况，你都可以设想一下。

接下来，你还可以用种种设想与现状做比较，说不定你的设想与现状相差无几，那么这时候你就需要更改自己的通勤路线，或者采取错峰出行的方式。

情景 2　改变的余地：午餐的时间利用问题

　　有的公司午餐时间比较自由，员工能够自行决定；也有的公司明确规定了午餐时间的具体时段。无论是哪种形式，你首先应该弄清楚它到底有没有改变的余地。

　　虽说是午餐时间，并不是说只能用于吃午饭。你也应该思考一下，究竟在什么样的情况下，不得不改变现在利用时间的方式。比较容易想到的情况就是，工作太忙，因此你完全无法休息。不过，除此之外，我觉得肯定还会有许多其他情况，希望大家以此为契机，开动脑筋思考一下怎么利用自己的午餐时间。

　　世上没有万能解决方案。

　　我们平时应该注意养成一种习惯，主动思考什么样的情况下自己选择的解决方案会失去效力。

　　"因为大家都赞同，就跟着赞同"的做法存在问题。

共情力：不断地站在他人的角度看问题

性格再温和、待人再亲切的人，也会觉得有些人不好对付。这些人说话也好，做事也罢，完全不可理喻。当然我们可以选择否定他们，避开他们，不过这种做法不能让状况得到任何改善。

这个时候，我们可以尝试站在这些人的角度进行思考。人与人是不同的，每个人的立场与价值观都千差万别。对自己来说不可能的东西，站在那个人的角度来看，也许是一种无可奈何的选择。

那怎样才可以完全变成那个人，站在其角度看问题呢？首先要考虑其工作范围、工作权限、工作上的难题等与工作有关的信息。其次，还要考虑那个人的年龄、职业生涯，甚至家庭情况（孩子的教育繁忙、赡养老人辛苦、刚刚结婚）等私人信息。

甚至那个人的喜好、兴趣爱好也可以纳入考虑范围。我们觉得不好对付的人，往往我们也不太了解。正因为不了解，所以不理解，而正因为不理解，就会让我们觉得不好对付。这变成了一个恶性循环。

另外，对于没见过面的人也可以采用这种方式。比方说，某日，从未见过的事业部经理决定大规模推行削减成本的措施。如果不了解事情原委，你肯定会觉得非常生气。然而，如果你尝试站在事业部经理的角度看问题，对于这项措施，你就不会仅仅觉得气愤了。

如果不了解事情原委就一味地生气，你就会给对方留下很差的印象。这种做法虽然让自己精神上感到舒服了，但学不到任何东西。**尝试站在对方角度，模拟其做出决策的过程，这样我们才能有所收获。**

不过，此时你也需要注意，**必须严格区分站在自己角度时所思考的东西与站在他人角度所思考的东西。**如果模拟两可，弄不清自己到底是站在哪个角度思考问题的话，反而会将事情复杂化。

另外，你还可以进一步训练自己"站在他人角度进行思考"的能力。比如，对于那些跟自己毫无关系的问题，你也可以尝试站在当事人的角度来思考，也就是说"自我问题化"。通过"自我问题化"，你对那些至今为止没有关心过的事情会产生一种责任意识，这样你才会认真对待问题。

漠不关心会让进步停止。往大了说，现在"漠不关心"的现象正在日本四处蔓延，我认为这会导致日本丧失活力，希望有更多的人能学习"自我问题化"的做法，改善目前的状况。

通过共情，你就能站在他人的角度上重新看待问题，并学到很多东西。

对那些跟你毫无关系的事情，如果运用"站在他人角度思考"的方法，通过"自我问题化"，你会产生一种责任意识。

信息整理力：辨别每种信息的类型和属性

与以前相比，在现代社会很容易就能获得各种各样的信息。不过，这同时又引发了另一个问题：当今的信息泛滥成灾，同时还鱼龙混杂。

真相，谎言，错误，统统交织在一起。其中有的消息只是单纯的错误信息，而有的假消息却暗含恶意。因此，正确识别和使用信息变得非常重要。

在本书中，我将提供三种方法来锻炼大家的信息辨别能力。

首先，要学会区分事实与观点。对事物进行思考的时候，你必须基于事实。然而，很多观点却伪装成事实的样子出现。不知道是由于电视台的问题，还是导演的个人倾向，或是赞助商的意图，人们经常会发现，很多原本应该传达客观事实的新闻节目，却充满了偏向性。大家可以用电视、网络新闻、报纸、杂志来做练习，培养**区分事实与观点**的辨别能力。有的时候，事实与虚构交织在一起；有的时候，事实又与推测交织在了一起。一则消息里面，哪部分属于事实，哪部分又属于观点，想要区分清楚并不简单。

其次，要练习正确分辨对方的观点。你要学会分辨哪些表达是对方的主观表达，哪些是情感表达，哪些又是对别人的评价。第一种练习方法是为了让我们学会区分事实与观点，第二个练习方法则是为了让我们能够正确分辨观点的相关表达方式，同时思考对方使用这种表达方式的目的。显然，你不仅要能分辨出对方到底是在生气，还是在悲伤，还要思考对方为什么要生气（或者是装作生气），为什么要悲伤（或者是装作悲伤）。

第三，我们要学会观察事实。有些报道的确传达了部分事实，也没有进行主观性的评述，但未必就真的客观公正。因为就算没有明确发表意见，通过对信息进行取舍拼接，同样可以通过操纵信息来传达自己的观点。如果觉得一些新闻不太对劲儿，那么你可以尝试搜寻其他消息来源，这样才能掌握整个新闻的全貌。

我在"思维惰性陷阱"的部分，用三种不同的图表展示了日本GDP的变化情况（图2-2）。同样的数据，通过不同的展现方式，就可以传达不同的信息。

观点也好，事实也好，总之要养成习惯，学会揣摩信息发送者的意图。

我们要学会区分事实与观点，同时也要学会揣摩信息发送人的意图，锻炼信息辨别能力。

图像化能力：掌握更直观的表达方式

　　我在前文中曾经提到过，语言是强有力的武器，同时语言也存在局限性，这一点千万别忘记。 对于同一个行为，存在着各种各样的表达方式，有的表达方式可能对于有的人来说并不能理解。

　　我是一个相当笨拙的人，学什么都很慢。自然而然地学会一样东西，在我身上基本不可能发生。

　　世界上有很多热心于教育事业的父母，但很少有父母会对孩子进行"荡秋千特训"。可是，在幼儿园的时候，我就不会荡秋千。

　　学东西的时候，我一般要首先从理论上理解，然后思考如何才能学会，经过不断摸索我才能达到一般人的水平。虽然要花很久才能学会，但一旦学会，我就不会忘记。另外，由于我是用大脑在思考怎样才能学会，所以也比较擅长教别人。可能由于这种性格特点，很早开始，无论做什么，我都会收集相关信息，并不断摸索，反复试验。

　　我在收集信息时，时常感觉到每个教练的教法完全不一样。小时候，我的教练主要是我的父亲。父亲的指导方式就是强制，如果我做不来，他就用拳头教训我，然后叫我自己思考为什么做不来。

　　小学4年级的时候，我因为学不会单杠卷身上，十分苦恼。对此，父亲一直说"你是因为臂力太弱，所以没法把身体拉向单杠"。他解释说，我小时候很快就学会了走路，爬行期太短，因此造成了上肢力量薄弱。于是，从幼儿园开始，我就被父亲要求每晚都做俯卧撑。

　　我记得当时自己为了学会单杠卷身上，还做了更多的俯卧撑。

　　有一次，在看到一个同学很轻松地完成了单杠卷身上时，我突然意识到自己可能错了。"那个同学跟我体格差不多，但臂力与脚力都不如我，然而他做单杠卷身上却很轻松，难道说其实单杠卷身上并不需要很多臂力？"于是，我赶紧向擅长单杠卷身上的同学请教，结果令人吃惊，每个人的说法都不一样。

　　不过有一个共通点，大家都说"不需要使用臂力"。很明显，我找错了教练。至于到底怎么做单杠卷身上，同学们每个人的建议都不一样，我本人又很愚笨，根据大家这么多建议，还是做也做也不过来。

　　于是，我决定采用其中最容易做到的一个建议，"关键在于如何把腿举到手边来"。

　　我对于自己的脚力很有自信，因此感觉自己能掌握这个方法。此后我就不断摸索。慢慢地，我开始明白自己哪次能成功，哪次又完全不行了。

　　就这样，我终于学会了单杠卷身上。其实完全不需要什么力气，只要把下半身的重量移到手边，身体就会自然卷曲。

当时的我只是个小学生，自然不知道完成单杠卷身上的诀窍在于"将身体重心移到双手一侧，而不是单杠一侧"。我的同学们分别从自身经验出发，用自己的表达方式，努力向我传达着这个诀窍。只是小学生的表达力有限，大家的表达方式大概都很笨拙。

当长大成人后，在打高尔夫球时，我发现了同样一个道理。想打好高尔夫球，最关键的是球杆要以正确的角度、正确的速度击中高尔夫球正确的位置，而我们的击球姿势不过是为了实现这个目的的手段。

然而，有的教练员会非常仔细地进行指导，从预备状态时身体的姿势，一直到撤回时的手肘位置，他都会讲得头头是道，甚至连手腕的形状都有讲究。另外，在击球的那一瞬间，如何让弯曲的高尔夫球棒手柄回到原有状态，不同的人有着不同说法。有的人说应该翻回手腕，也有的人说不要动手腕，这也难怪我对此会一头雾水。明明都是为了达到一个目标，大家的表达方式居然可以如此不同。

不过这种情况也是不可避免的，因为很多教练都是根据自身经验在进行指导，而他们每一个人的肌肉力量、柔软程度、头脑反应速度各不相同。从这种意义上来说，每个教练员自然拥有不同的指导方式。

击中球的那一瞬间的影像被深深地刻在脑海里之后，我的高尔夫球技就变得好多了。比起击球姿势，我意识到更重要的是，在击中高尔夫球的那一瞬间自己的感觉。光靠语言不够，通过将事物图像化，人们就能填补信息的空白之处。

现在，料理节目的视频网站非常火爆。可能对于做菜这件事，比起看菜谱等文字材料，大家更想要看到有做菜过程的视频。

在对复杂事物进行解释说明时，不要光使用语言（文章），你还可以展示照片、图表或播放视频，努力尝试更多的组合型表达方式。

> 另外，关于单杠卷身上的故事还有后续，有一天我向父亲报告说，我终于学会了单杠卷身上。
>
> 我这么说有两个目的，一是为了让父亲高兴，二是带着一点小小的抗议，暗指父亲的教法有问题。
>
> "爸爸，我终于学会了单杠卷身上！"
>
> "哎呀，那太好了！"
>
> "不过，单杠卷身上其实并不需要用臂力。"
>
> "啊……是吗，其实你爸爸我并不会单杠卷身上。"
>
> "……"

明明没有任何经验和技术的人，不但胡乱推定原因，还采取了错误的指导方式，我学得会才奇怪呢。父亲的这些做法，完全是"惰性思维"的典型案例。不过，我也非常感谢父亲，连自己不擅长的事情也陪着我做。虽然叫我自己思考做不来的原因时，他的做法挺粗暴，不过正因为有了小时候的这种种经历，才成就了今天的我。

　　我们可以尝试着做一下喜欢的运动或者看看自己比较喜欢的教科书，当作图像化训练的练习题。你可以同时制作两个版本，一个是纯文字的版本，另一个是用上了图片和照片的版本。做完之后，你可以比较一下，看看差别。

　　从X车站出来后，朝左边行进，下楼梯从南口一侧出来。

　　我们沿着客运站左侧前进50米，然后在便利店A的街角左转，前进100米之后，在居酒屋Y的街角右转，左手边我们可以看到公园，接着向前行进50米之后我们就来到了马路上。然后左转，我们沿着马路前进50米之后右转，走人行横道过马路。过马路之后朝右前进5米左右，左手边我们可以看到小河，然后沿河行进100米，此时我们可以看到Z幼儿园前面的小桥，左转，之后我们会进入住宅区。进入住宅区后我们马上沿道路右转，向前行进100米，右手边第七栋房子就是我家。

图4-2　语言的局限性（文字版本）

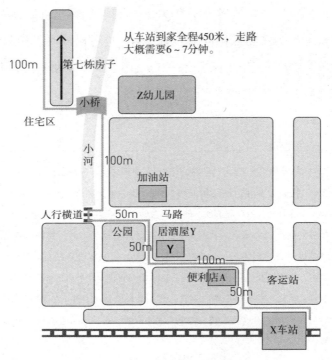

图4-3 语言的局限性（地图版本）

另外，我们还可以想一下从最近的车站到家里的路线，同样制作两个版本，一个文字版，一个附有图片和照片的地图版，然后进行比较。

除了语言以外，如果我们能将事物的最终形态，或者最重要的场景以图像的形式表现出来，可以弥补语言的局限性。

定规则能力：不断推演怎样的制度更合理

社会中存在各种规则，而人们一直被要求遵守规则。于是，遵守这些规则好像成了理所当然的事情。

遵守规则本身并不是坏事，然而如果没有理解规则的本质，只是觉得既然是规则就必须遵守，那么人们很快就会掉入"思维惰性陷阱"。

另外，由于人们很少有制定规则的经验，因此一旦要制定什么规则时，你可能就会束手无策。制定规则必须考虑方方面面的东西，或许你经常抱怨社会上的有些规则或政府制定的有些规则，可是想要制定让所有人都满意的规则其实是很难的事情。

当你想抱怨社会上的有些规则或政府制定的有些规则的时候，不要发完牢骚就算了，你应该尝试一下自己来制定规则。可能你的规则不会生效，但尝试思考一下也无妨。

自己不满意的地方应该怎样解决，新出现的抱怨又该如何应对，思考这些问题可以成为一种训练。

另外，如果现行规则不那么令人满意，追寻其原因可以让自己思考得更加深入。是否有什么限制条件影响了规则的实施，规则本身是否已经跟不上时代，你都可以进行思考。

遵守规则者如果想获得更进一步的发展，那么可以尝试一下成为规则制定者，这也是一种准备活动。

　　如果对现行规则感到不满，不要光发牢骚，而要思考如何改变现行规则，也要思考现行规则为何会给人们来了如此多的麻烦。

知识消化力：搭建自己的知识库

人们常常"自以为懂了"。"自以为懂了"又经常会引发"思维惰性"。因为自以为懂了之后，人们就不会再进行深入的思考。

"啊，我懂啦！"我发现很多人都有这样的口头禅。猜谜的时候，有人一出现新信息就马上大叫"啊，我懂啦！"虽然这类人反应良好，让人感觉十分可爱，但他们可真是觉得自己已经懂了。

这类人往往感觉敏锐，跟人交流时喜欢跟着感觉走，没有完全理解的词语也能熟练使用。但是，由于没有正确理解词语的含义，最终会出现理解偏差。他们本人可能以为顺利实现了交流目的。然而，由于本该理解的东西没有理解，这类人反而自己损失最大。

为了解决这个"自以为懂了"的问题，什么样的训练会最有效果呢？在这里我想给大家推荐制作"自己的维基百科"这种训练方式。

做法如下：如果碰到新词，你要用自己已经完全理解的词语，对该新词语进行解释说明。这个训练看起来简单做起来难。

甚至连那些自以为已经完全理解的词语，仔细推敲起来，你可能也无法做出清晰准确的说明。

> "自以为懂了"很容易引发"思维惰性"。
>
> 为了解决"自以为懂了"的问题，我们可以尝试制作"自己的维基百科"。

当"自己的维基百科"累积到一定程度时，你可以找自己信任的朋友向自己提问。这其实比想象中的难，你自以为已经完全理解的词语，真正用起来却可能吞吞吐吐说不清楚。

你找朋友的时候应该找一些能为你着想的人，因为如果找一些不靠谱的朋友向自己提问，恐怕会沦为笑柄（而且完全有这个可能性）。

为什么要背诵九九乘法表

在幼儿园的时候，为了给父亲带来惊喜，我曾经偷偷背过九九乘法表。我会背的时候，其他幼儿园小朋友连加法都弄不清楚。因此，当时我心里特别得意，觉得严厉的父亲肯定会表扬自己。

"爸爸，我已经会背九九乘法表啦！"我得意地说。

"哎哟，这么厉害。那背背看。"

我得意地背起了九九乘法表，然而之后父亲的反应让我整个人都僵了。

"好，那么12乘以11等于多少？"

我只背了九九乘法表，当然答不出来。我还以为会受到表扬，谁会想到父亲出了道九九乘法表以外的难题。

父亲看我僵在那里答不出来，大发雷霆。

"九九乘法表是为了解题才背的。光会死记硬背有什么用？等你学会解题之后再来说自己会背九九乘法表了！少在那里自鸣得意！"

我大受打击，以为会被表扬结果挨了骂。

我的确没有思考过为什么要背九九乘法表，毕竟我只是个幼儿园小朋友，这也是理所当然……当时只是觉得背下来就行。

"冒冒失失地说自己会背了，结果被骂了。"我是个幼儿园小朋友，当时只想学到这么多。后来我在小学正式学习九九乘法表的时候，终于从心里理解了九九乘法表的意义，多亏发生了这件事情，我小学时期数学非常优秀。

如果当时没有被父亲责骂，我可能就误解了背九九乘法表的意义，错把方法当成终极目标。直到现在我都十分清晰地记得这个小故事。

另外，由于答不出12乘以11等于多少，幼儿园的我后来让妈妈帮忙，把12乘以11的答案也硬背了下来。看来当时的我完全没有理解事情的本质（苦笑）。

当然，我虽然最后背到了12乘以12，但是再也不敢跟父亲说"爸爸，我已经会背啦！"

数据力：探索事物之间的量化关系

　　我在咨询管理公司干了很多年，长期从事项目管理的相关工作，因此我特别倡导把项目管理的技巧融入生活当中。

　　什么是项目管理，一言以蔽之，用我自己的话来说就是"让事物顺利运转的知识技能"，如果能将项目管理的技巧灵活运用到生活中去，我们的生活必定会更加丰富，而且也能过得更加幸福。

　　我尤其推荐大家收集那些与生活戚戚相关的数据，进行分析后想出一些好点子来提高我们的生活质量。现在，我们能利用可穿戴设备，对我们的脉搏、睡眠情况、活动情况进行监测，24小时持续收集数据。如果灵活使用这些数据可以提高我们的生活质量。

　　比方说，通过数据监测，我们可以知道自己睡眠时间及睡眠质量与第二天身体状态的相关关系，也可以知道前一天白天的生活方式与当天夜晚的睡眠时间、睡眠质量的相关关系。睡眠是直接影响我们身体状态与个人表现的重要因素，同时，通过我们个人的努力睡眠质量也可以得到改善。

　　另外，如果是喜欢喝酒的人，可以记录酒量、酒的种类、饮酒时喝的水量（兑水量）、饮酒时间、饮酒后至就寝的间隔时间等数据，然后分析这些数据与我们第二天身体状态的相关关系，会发现很有意思的结果。

经过自我数据分析，我发现"喝杂酒（各式各样的酒混着喝）会烂醉如泥"这种说法，至少在我身上是不对的。

我还发现，我们摄取的酒精量与兑水量对第二天身体状态的影响最大，当然可能这只是老生常谈。我自己的经验呢，最危险的模式是喝了日本酒之后，乘兴又喝了掺苏打水加冰的威士忌。掺苏打水加冰的威士忌与日本酒很不一样，而且又容易入口，特别容易喝多。

如果我们养成习惯，每日记录睡眠时间等数据并加以分析，那么我们就不会那么容易掉进"认知扭曲"与"盲区"的陷阱里了。

另外，我认为我们正迎来数据资本主义的时代，智能机的普及让全世界的人都连上了网络，物联网（IoT，Internet of Things）也预示着世界万物相连的一种可能性。依托大量数据进行学习的技术正在飞跃发展。在未来，我们累积数据并对数据进行分析的能力会变得十分重要，这种能力有可能同资本、人才一样成为宝贵的资产，推动经济运转。

为了迎接数据时代的到来，**养成收集数据、分析数据、依托数据采取行动的习惯极其重要**。

　　为了提高自身生活质量与自我剖析能力，我们应该养成习惯，注意收集分析自己生活的相关信息。

　　数据同资本、人才一样成为重要的生产要素。要想在新的时代生存下去，我们必须养成收集数据、分析数据，依托数据采取行动的习惯。

深度思考力：基于底层逻辑思考潜在威胁

这个例子可能稍微有点儿老，2012 年伊士曼·柯达公司（以下简称柯达公司）正式依据美国《破产法》第十一条提出破产保护申请，从市场上退市。

柯达公司进行公司重组后，转型为主攻数字图像业务，大幅度缩小了公司规模，并重新在纽约交易所上市。

我的中学时代，一说到拍天文照片，大家肯定会想到柯达的 TRY X 系列胶片，我也特别喜欢这个系列，自己还亲手冲洗过。柯达公司破产带给我很大的冲击。

柯达公司为何会破产，很多人都说是由于当摄影从胶片向数码化转型时，柯达公司没有跟上数字化时代，没能对数码相机的快速普及做出有效反应。然而数码相机其实就是柯达公司首先开发出来的。

1975 年，世界上第一台数码相机的原型机问世，而这时候的柯达公司正如日中天。当时，柯达公司的品牌影响力首屈一指，占据了胶片市场的半壁江山，而那个时候柯达公司已经在尝试开发数码相机。

因此，柯达公司破产绝不是由于其技术落后，缺乏先见之明。

事实上，早在 2005 年柯达公司就已经占据美国数码相机市场的头把交椅。另外，柯达公司1979年的内部报告也预见到，2010年之前胶片市场会向数码化转型。

2001年，柯达公司还收购了一家照片共享网站。不过，很可惜，这个网站只被用来方便打印数码照片，并没有与共享照片的经济模式联系起来。

手机搭载了廉价的高性能图像传感器CCD（以及CMOS图像传感器）之后，已经能够拍出高像素的照片，另外由于快闪存储器的性能大幅度提高，手机在实现了小型化的同时拥有了令人难以置信的容量。也就是说，手机能同时保存很多张高像素的照片。

此外，通信速度提高，上传高像素的影像数据变得十分容易。同时，随着手机液晶屏幕的大型化和高性能化，人们可以直接在手机上查看高像素的照片。

种种技术革新加在一起，导致打印相片的需求急剧减少。要预见这种变化并不容易。

结果，柯达公司虽然掌握了各种最领先的技术，也并非没有先见之明，然而在时代潮流的裹挟下破产了。

究其原因，当然我们可以指出它的很多错误。例如管理层决策迟缓，公司陷入技术革新困境，以及错判未来的商业模式等。**不过，如果多个重大技术革新同时发生，引起市场急剧发生变化，想要应对也并非易事。而且我认为，与此同样的事情在任何产业中都有可能发生。**

我的开场白有点儿太长了。

那么接下来的练习，我想让大家思考一下，究竟哪些东西能破坏我们现有的事业呢？

比如在柯达公司的例子里面，它们的胶片事业面临的威胁众多：CCD图像传感器的性能大幅度提高且价格降低，被运用于智能机或普通手机；智能机或普通手机的大范围普及；快闪存储器的高性能化与廉价化；通信速度的提升，网络环境得到完善，等等。这一系列事件在短期内同时发生，结果催生了新的商业模式——用智能机或普通手机拍照后上传网络，进行共享。这样一来，传统胶片行业冲洗照片的商业模式因此遭到了极大破坏。

大家可以想一下，在大家各自的领域里，出现什么样的技术革新会破坏大家现有的事业基础呢？如果现在行业的准入壁垒突然消失了又会发生什么呢？另外，由于行政法规的一些限制，有些行业很难进入，那要是这些行政法规突然消失的话又会怎么样呢？

行政法规限制一旦消失，或者新技术的应用，本来是不同行业的公司，可能进入同一个领域。

如果能从根本上理解我们致力于发展的事业，那我们就能更容易发现这项事业，以及相关产业周边的新威胁。

同时，如果我们把我们致力于发展的事业仅仅当作是实现某个目标的手段，那我们就很难发现那些潜在的威胁。

因此，首先我们必须思考我们致力于发展的事业的本质，思考什么样的东西会破坏我们的事业基础，也要思考潜在威胁

一旦成真（行政法规限制消失，新技术的应用）又会发生哪些
情况。

这样的思考练习必须反复进行，每一个季度都值得我们重
新思考一次。因为随着时间变化，技术不断革新，国际形势不
断改变，行政法规限制也可能已经废除。

为了按时间确认自己的想法如何改变，我们每次思考后务
必要保留记录，便于下次重新进行审视。另外，如果习惯了这
种方式，不光是我们自己公司，我们还可以对自己感兴趣的行
业或项目进行同样的思考。

这并非易事，因为我们没有明确的答案。但是，如果能定
期进行这样的思考，我们的本质把握能力将实现质的飞跃。

> 首先要思考什么样的东西会破坏我们的事业基础，
> 也要思考潜在威胁成真的前提条件（如果条件已经满
> 足，那我们的事业可能就面临危机）。
>
> 同时，本思考练习不能一次结束，每一个季度我们
> 都要反复进行。

以上就是我为大家介绍的9种训练，希望能锻炼大家躲避
陷阱的能力。

日常生活中，**如果我们将这9种训练形成习惯，那我们的**

本质把握能力就会有质的飞跃。

一开始，我们可以一天只做一种训练，一周或两周完成所有9种训练。这样会比较容易上手。

当我们习惯以后，可以每天挑战多个训练，直到每天可以完成9种训练。慢慢地我们会形成习惯，最后我们会下意识地进行某种训练，连自己都不会意识到这一点。

另外，那些当我们掉入陷阱时的应对方法，我们可以找导师来帮助我们进行练习，这样会更有效果。

导师能起很多作用，例如他们能帮我们判断我们是否处于冷静状态，避免我们在情绪波动时做出不理智的决策。或者当我们化身为规则制定者制定规则时，他们也可以进行聆听并做出评价。再或者能帮我们检查我们"自己的维基百科"是否正确。

我们最好寻找那些我们打心底敬佩、信赖，同时能为我们着想的人来做我们的导师。如果对方知晓我们的禀性那是最好不过，但这不是绝对必要的条件。

另外，**我强烈推荐找那些与我们身处不同行业的人来帮忙，因为他们新颖的观点往往能带给我们很多启示。**

如果有这样的导师，对我们提高本质把握能力会有极大的帮助。

如果这时候我们心里有合适的人选，千万不要犹豫，赶紧请这位导师来帮忙。导师一定会爽快地答应下来。身边很重要的人来拜托自己，哪有导师会不高兴呢。

寻找导师。

导师应该是自己尊敬信赖的人，同时也能为自己着想的人。

后记

　　我从京都大学经济学部毕业后，以应届毕业生的身份进入了埃森哲公司（当时名为安达信）。

　　前面我已经说过，从1990年到2017年，我在埃森哲公司从事过各种各样的工作，积累了很多非常棒的经验。

　　离开公司以后，2017年12月，我在日经BP社出版了《项目管理式生活》。那本书是以我在庆应义塾大学研究生院系统设计和管理研究科承担的课程"项目管理式生活"的讲义为基础，重新整理后写成的。

　　阅读了我的前著之后，日本经济新闻出版社的编辑——栗野先生与赤木先生找到我，希望我再写一本新书。

　　我特别相信缘分这个东西。

　　缘分不是常有的。

　　所以我立马答应了下来。

　　虽然最后本书与最初的企划有少许出入，不过对我来说，现在的样子反而更接近于我的理想状态。

另外，借此机会，我也想向庆应义塾大学研究生院系统设计和管理研究科的当麻哲哉教授表示感谢，当麻哲哉教授为我提了很多宝贵的建议。

上一本书中我提到了亡父的一些逸事，这一本书中我又写了一些与父亲的回忆，一想起来有点儿淡淡的苦涩。直到现在我仍是对父亲充满尊敬，我的父亲既有先见之明，又像普通的昭和老头子一样，有顽固不化的一面。而我的母亲呢，虽然经常走在父亲身后，但用自身的强大和坚韧温柔地守护着家庭，让我们一家过得十分幸福。母亲总是充满笑容，现在仍是我们家里的核心人物。

我认为人生的目标在于"获得幸福"。如果我们将"项目管理的技巧"融入生活，最大程度地发挥"本质思考方式·本质把握能力"与"幸福思维方式·幸福志向"的作用，我坚信人可以生活得更加幸福。

这三个要素中，"本质思考方式·本质把握能力"是最核心的东西，本书内容聚焦在"本质思考方式·本质把握能力"上，介绍了种种容易掉入的陷阱以及陷阱的逃生术，还介绍了提高本质把握能力的种种训练方法，我今后还将继续研究锻炼本质把握能力的训练方法，想要总结出一些更有效用的东西。

通过阅读本书，我希望大家能将"本质思考方式"内化，掌握"本质把握能力"，将其运用在工作与生活当中，我希望大家的人生过得更丰富也更幸福。

我坚信，如果幸福的人越多，这个国家也将变得更富有魅力。

2019年2月

米泽创一